GRILL KODEX

NAPOLEON

GRILL KODEX

100 geniale Rezepte der Grillmeister

CHRISTIAN

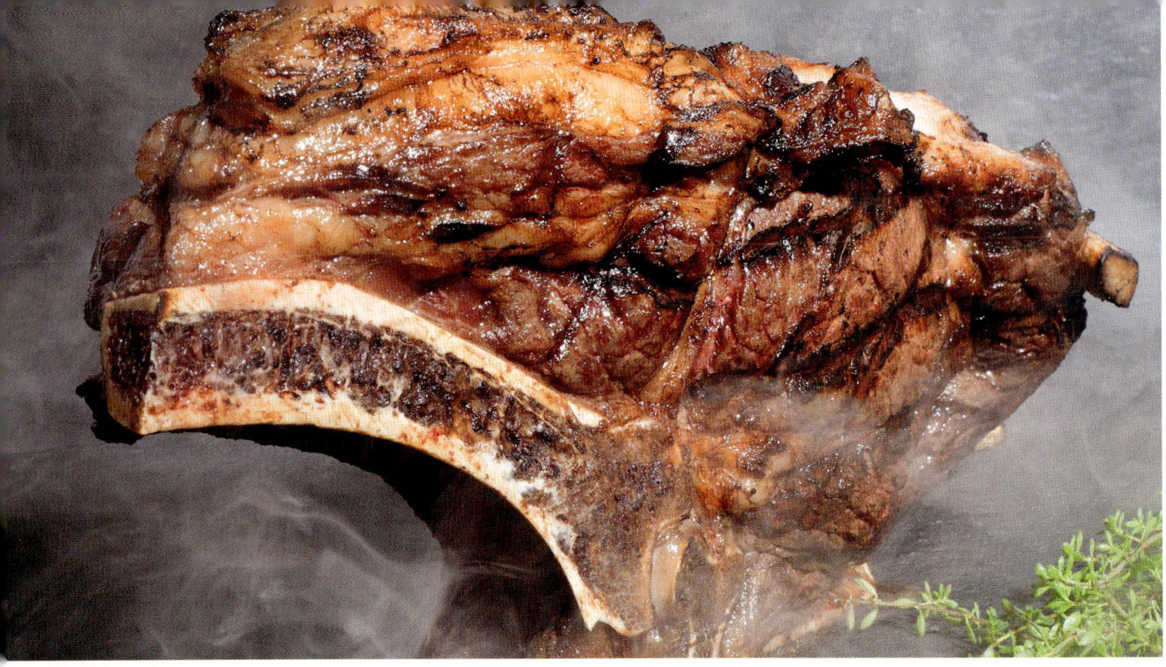

Class
Germany
9167 / 16 cm / 6 ¼"
1.4116 X50 CrMoV 15

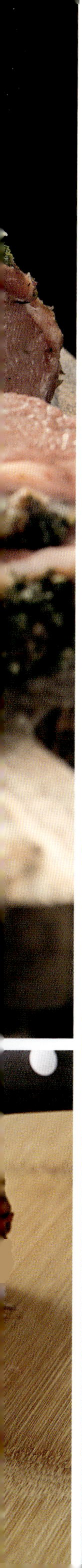

INHALT

VORWORT

Der Christian Verlag und Napoleon sind ein eingespieltes Team. Wunderschöne Grillbücher mit vielen leckeren Rezepten und professionellen Tipps entstanden in den Jahren der erfolgreichen Zusammenarbeit.

Andreas Rummel, Rudolf Jaeger, Ted Reader, Adi Matzek, Ralph de Kok, Roel Westra – bekannte Meister der Grillszene brennen für Napoleon und diese Leidenschaft legen sie in die kreativen und zum Nachbrutzeln einladenden Rezepte, die sie in diesen Büchern verraten. Ob saftiges Fleisch, Grillgemüse oder Fingerfood, auf den Napoleon-Grills zaubern sie viele internationale Leckereien und geben Einblick in die Hohe Schule des BBQs.

In den vergangenen Jahren sind so viele Rezepte zusammengekommen, dass es nun Zeit ist für ein „Best Of", für das Grillbuch der Grillbücher. Dieses Buch ist sozusagen die Essenz des Grillens mit Napoleon. Und es ist zugleich eine Hommage an die Erfolgsgeschichte dieses kanadischen Grills hier in Europa, zu verdanken Fred Schalwijk und Michel Voragen. Die beiden Distributeure holten den König der Grills nicht nur über den Ozean zu uns, sondern platzierten ihn mit viel persönlichem Engagement mitten im Herzen der Grillszene.

Die Anfänge klingen wie der amerikanische Traum schlechthin: Ein deutscher Auswanderer fängt in Kanada ganz klein an und betreibt dreißig Jahre später ein international bekanntes Unternehmen. 1976 gründete Wolfgang Schroeter seine Firma in Ontario und stellte zunächst Stahlgeländer her. Kaminöfen kamen dazu, nachdem die Nachbarn von seinem selbstgebauten privaten Ofen begeistert waren. Der Schritt vom Holzofen zum Grill war dann eigentlich gar nicht so groß, aber für die Wolf Steel Ltd. war dieser kleine Schritt ein riesiger und wichtiger Meilenstein: Der Name Napoleon wurde schon bald in der Grillszene zum Synonym für Qualität und Innovation.

Ob Gasgrill oder Holzkohlegrill, ob kleiner Grill für unterwegs, kompakte Grillstation für die heimische Terrasse oder Luxus-Grill, der keine Wünsche offenlässt für einen passionierten Griller – bei Napoleon wird jeder Griller fündig. Doch der Grill alleine macht noch kein gelungenes BBQ, letztendlich kommt es auch darauf an, was gegrillt wird und vor allem auch wie.

Wenn das Ergebnis überzeugt, dann überzeugt auch der Grill, erkannten Fred Schalwijk und Michel Voragen und beschlossen: Napoleon-Grills sollten nicht nur im Laden verkauft werden, wir wollen sie im Einsatz zeigen, wollen ihre Alltagstauglichkeit unter Beweis stellen. Wir wollen beweisen, wie einfach und fantastisch Grillen sein kann. Und so sind Napoleon-Grills auf Grillmeisterschaften und anderen Grillevents nicht nur zu bewundern, sondern auch zu erleben. Begnadete und bekannte Meister-Griller zaubern vor Publikum oder auf YouTube-Videos, was der Grill und die Grillzange hergeben und stellen dabei nicht nur ihr Können und ihre Kreativität, sondern auch die Vielseitigkeit der Napoleon-Grills vor.

Und für alle, die nicht nur zuschauen, sondern die Rezepte auch nachgrillen wollen, gibt es unsere Grillbücher. Im neuen Buch, das Sie jetzt in der Hand halten, präsentieren wir Ihnen die Testimonials von Napoleon und ihre besten Grillrezepte. Und wer sich gerade erst der Welt des Grillens nähert, der findet zu Beginn auch einige grundlegende Tipps.

Grillen wie die Meister – mit Napoleon und den Rezepten dieses Buches können Sie die Challenge annehmen!

NAPOLEON

EINLEITUNG

EINLEITUNG

Die Geschichte des Grillens ist im Grunde die Geschichte der Menschwerdung. Das ist eine starke Aussage, die Grillfans sicher freuen wird. Und auch wenn diese Behauptung sehr plakativ klingen mag, so kann sich doch niemand dem wahren Kern entziehen, der in ihr steckt: Als der Mensch Feuer und Fleisch zusammenbrachte, begann er längere Zeit in Gruppen zusammenzusitzen. Gespräche kamen am Feuer in Gang und soziale Begegnung fand statt. Gemeinschaft entstand.

Grillen war die erste Form der Nahrungszubereitung überhaupt. Bis vor rund 1,5 Millionen Jahren sammelten und aßen unsere Vorfahren Beeren und Pflanzen einfach dort, wo sie sie fanden. Das Fleisch erlegter Tiere wurde zerrissen und roh verzehrt. Eines Tages aber entdeckte jemand, dass der Kontakt mit Feuer das Fleisch veränderte. Es konnte leichter zerteilt und gekaut werden. Mit der Macht über das Feuer gewann der Mensch auch die Fähigkeit, seine Nahrung kontrolliert zuzubereiten. Fleisch wurde zunächst neben oder ins Feuer gelegt. Dann fand man heraus, dass sich Fleisch auf Stöcke aufspießen und so gezielt ins Feuer halten ließ.

Aber es dauerte sicher nicht lange, bis die ersten hellen Köpfe merkten, dass der Abstand zwischen Feuer und Fleisch einen erheblichen Einfluss auf den Garvorgang und auch auf den Geschmack hat – eine Weisheit, die auch heute noch Grundlage jedes Grill-ABCs ist. Der Übergang zwischen gegrillt und verbrannt ist wohl heute wie damals fließend …

Das Marinieren oder Würzen des Fleisches zu entdecken, war dann der nächste Grill-Entwicklungsschritt: Das Fleisch konnte so nicht nur konserviert werden, es wurde auch zarter und wohlschmeckender. Der Genuss am Essen war geboren.
Mit den Anfängen des Grillens war es wie mit vielen anderen ganz wesentlichen Entdeckungen der Menschheitsgeschichte: An verschiedenen Orten auf der Welt machten Menschen gleiche Erfahrungen und begannen unabhängig voneinander das Feuer zu nutzen – und es auch selbst zu beherrschen! Mittels Feuerstein und Zundermaterial konnten sie das Feuer bald selbst entfachen und ihr Fleisch grillen, wo sie auch unterwegs waren. Der kleine Beutel, den man am Gürtel des berühmten Ötzi aus dem Südtiroler Eis fand und in dem man Zunderschwämmchen nachweisen konnte, zeugt davon.

Ob in China, in der mongolischen Steppe, im Süden Afrikas oder auf den Fidschi-Inseln – verschiedene Grilltraditionen entwickelten sich unabhängig voneinander. Zum Glück für uns, kann man sagen, denn so können wir uns heute an einer Vielzahl von Grillvariationen und Zubereitungsarten erfreuen. Hätte man all diese Rezepte mit Plan und Vorsatz entwickelt, sie wären vermutlich nie derart bunt und unterschiedlich ausgefallen.

Da werden kleine oder auch ganz große Tiere im Ganzen aufgespießt und über oder neben den Flammen gegart. Da wird zerlegtes Fleisch in Blätter eingeschlagen und in Erdhöhlen unter dem brennenden Feuer platziert. Da wird Grillgut zusammen mit heißen Kohlen vergraben. Da wird Fisch auf Holzplanken gegart oder auf einem Rost über dem Feuer gegrillt. Da werden Marinaden, Saucen und Gewürzmischungen kreiert. Später kam zum Grillen von Fleisch und Fisch auch das Garen von Obst und Gemüse auf dem Feuer dazu. Unser menschlicher Einfallsreichtum und unsere Fantasie zeigen sich wohl nirgends so deutlich wie bei der Kunst, uns dem bestmöglichen Gaumenschmaus hinzugeben.

Kommen Sie doch mit auf eine kleine Reise rund um die Welt. Lassen Sie sich von der Geschichte des Grillens und den in verschiedenen Ländern entstandenen Grilltraditionen und Spezialitäten inspirieren, bevor Sie selbst aktiv werden: In den Rezepten, die sich daran anschließen, finden Sie viele leckere Anregungen und Anleitungen zum Grillen von internationalen Gerichten.

NAPOLEON
PROFESSIONAL

RUMMELS GRILL-ABC

A wie Anzündkamin
Er dient zum Anzünden von Kohle bzw. Briketts. Insbesondere beim Garen über mehrere Stunden legt man darin vorgeglühte Kohlen nach. Auch zum Woken ist er ideal.

B wie BBQ
BBQ ist indirektes Grillen bei niedrigen Temperaturen (70–140 °C) von meist großen Fleischstücken bei Zugabe von Rauch über längere Zeit (4–24 Stunden). Ein typisches BBQ-Gerät ist der Wassersmoker, aber auch ein handelsüblicher Grill mit Deckel eignet sich.

B wie Burger
Bei Burgern stimmt oft das Größenverhältnis von Patty zu Bun nicht. Mein Tipp: Der Durchmesser des Patty kann vor dem Grillen ruhig 20 Prozent größer als das Brötchen sein.

C wie Chips
In Wasser eingeweichte Holzchips, beispielsweise aus Apfel- oder Kirschholz, verleihen dem Gargut ein unvergleichliches Raucharoma.

D wie Dry Age
Beim Dry Aging wird Fleisch bei festgelegten Temperaturen und einer bestimmten Luftfeuchtigkeit abgehangen. Nach etwa 21 Tagen ist es optimal zart und sehr aromatisch. Allerdings kann sein Preis um das 1,5-Fache über dem von durch Wet Aging gereiftem Fleisch liegen.

F wie Fleischschnitte
Wie man ein Tier zerlegt, ist je nach Region unterschiedlich. Spanien und die USA haben beispielsweise viele Schnitte, die zum Grillen geeignet sind. Deutschland ist traditionell eher ein Land der Schmorer. Aus den USA kennen wir die klassischen Steaks, aber auch solche wie das Skirt. Das französische Onglet eignet sich ebenso super zum Grillen. Solch schmackhafte Stücke beeindrucken auch Filetfans. Mit dem bei uns üblichen Filetsteak kann ich mich nicht anfreunden – ein zwar zartes, aber geschmackloses, überteuertes Stück Fleisch. In Spanien gibt es das Presa oder das Secreto – für mich mit die besten Stücke vom Schwein.

G wie Grillreinigung
Die wichtigsten Werkzeuge zum Reinigen sind eine vernünftige Grillbürste, ein Fettlöser, der schäumt, ein Spachtel für die Fettwanne und ein Lappen. Den Rost brennt man am besten bei hoher Hitze aus und bürstet ihn dann einfach ab.

H wie Hähnchen
Hähnchenfleisch wird leider viel zu oft total übergart. Häufig liest man, dass es aus gesundheitlichen Gründen (Salmomellen) auf eine Kerntemperatur von über 70 °C erhitzt werden muss. Jedoch: Ab einer Kerntemperatur von 60 °C ist das Fleisch bakteriologisch einwandfrei, durchgegart – und saftig. Ohnehin befinden sich Salmonellen – wenn überhaupt – nur an der Fleischoberfläche und dort werden sie von Temperaturen über 100 °C abgetötet.

I wie indirektes Grillen
Beim indirekten Grillen wird das Grillgut nicht direkt über die Glut oder über den Brenner gelegt. Das Grillen bei indirekter Hitze in einem geschlossenen Grillsystem (Grill mit Deckel) bei einer Durchschnittstemperatur von 150 °C ähnelt dem Garen im Backofen. Ich bevorzuge generell das Rückwärtsgrillen, das heißt, ich bringe mein Steak auf eine Kerntemperatur von 55 °C und „male" dann für die Röstaromen nur noch bei hoher Temperatur ein Muster drauf.

J wie Jeden Tag grillen

Für mich ist der Grill zum Zubereiten von Lebensmitteln wie ein Herd in der Küche. Egal ob Fleisch oder Gemüse: Mit den oft integrierten Seitenbrennern, auf denen man beispielsweise Sauce zubereiten kann, wird der Grill zum Allrounder. Auch Gerichte, die sonst im Backofen landen, sind kein Problem (siehe indirektes Grillen).

K wie Kerntemperatur

Folgende Faktoren beeinflussen die Kerntemperatur und somit die Garzeit: Beim Grillgut muss man das Gewicht, die Größe und Form des Stücks – dünn und lang oder klein und dick –, sein intramuskuläres Fett, die Fettauflagen, mögliche Knochen und deren Größe, die Fleischart – hat es viel oder wenig Bindegewebe? –, eine mögliche Füllung und ob es zwischendurch mit Sauce oder Marinade bestrichen wird, beachten. Von Bedeutung ist auch, ob direkt oder indirekt gegrillt und wie oft der Grill geöffnet wird. Weiterhin spielen die Außentemperatur, die Grilltemperatur und die Luftfeuchtigkeit im Grill, hervorgerufen durch den Wassergehalt des Grillguts, eine Rolle. Generell gilt: Grillen ist ein Spiel zwischen Temperatur und Zeit, volle Hitze ist nicht immer gut. Ein vernünftiger Grill und ein Kerntemperaturthermometer sind die halbe Miete. Der Rest ist Erfahrung, Fingerspitzengefühl, Geschmackssache und ein Quäntchen Glück.

Rind (Roastbeef, Ribeye, Onglet, Skirt, Flank, Teres Major)

rare	medium-rare	medium	medium-well	well done
45–50 °C	50–55 °C	56–58 °C	59–65 °C	über 65 °C

Schwein (Rücken, Nacken, Presa, Secreto, Kachelfleisch)

rare	medium-rare	medium	medium-well	well done
–	53–55 °C	55–60 °C	60–65 °C	über 65 °C

Hähnchen (Brust, Keule)

rare	medium-rare	medium	medium-well	well done
–	–	–	60–65 °C	über 65 °C

Lamm (Rücken)

rare	medium-rare	medium	medium-well	well done
–	53–55 °C	56–60 °C	60–65 °C	über 65 °C

Lamm (Keule, Schulter)

rare	medium-rare	medium	medium-well	well done
–	–	–	60–66 °C	über 66 °C

K wie Kohle

Holzkohle oder Grillbriketts? Holzkohle lässt sich schnell entzünden, man kann sofort loslegen. Mit Briketts hat man dagegen länger Hitze im Grill. Ich empfehle Buchengrillkohle und deren Briketts, aber auch Briketts aus Kokosnussschalen sind brauchbar. Tipp: Nicht überall, wo Grillkohle draufsteht, ist Holzkohle drin. Übrigens: Geschmacklich gibt es zwischen Grillgut vom Gas und dem vom Holzkohlegrill keine entscheidenden Unterschiede.

L wie Lecker

Lebensmittel sind die Rohstoffe, mit denen ich arbeite. Es gibt für mich keine gesunden oder ungesunden Lebensmittel. Ich vertrete die Meinung: Die Dosis macht das Gift. Das Wichtigste ist für mich: Lecker muss es sein.

M wie Maillardreaktion

Durch die Maillardreaktion bekommt das Grillgut braune Röstaromen. Sie setzt ein, sobald das Wasser in den Randzonen des Lebensmittels verdampft ist. Die Röstaromen entwickeln sich bei Temperaturen ab 100 °C, die eigentliche Bräunung beginnt ab einer Kontakttemperatur von 140 °C. Ziel des versierten Grillers ist es, dass sich zügig eine braune Kruste bildet, ohne dass das Fleisch darunter übergart – egal ob es vorwärts oder rückwärts gegrillt wird. Dafür schüre ich entweder meine Holzkohleglut, bis sie rot glüht, oder ich nutze die Sizzle Zone.

M wie Marinade

Marinieren ist bei dünnen Minutensteaks manchmal sinnvoll, aber bei größeren Stücken muss man auf andere Praktiken zurückgreifen, denn klassische Marinaden auf Ölbasis oder Trockenrubs würzen das Fleisch vorwiegend an den Außenflächen. Wenn ich Geschmack ins Innere bringen möchte, bleibt mir nur das Einlegen in Pökelflüssigkeit oder das Brining mit salz- und zuckerhaltigen Flüssigkeiten. Alternativ empfehle ich den Einsatz von Marinierspritzen, mit deren Hilfe die Würze ins Fleisch gespritzt wird.

N wie Nachtisch

Ein Dessert gehört für mich einfach dazu. Ich bevorzuge gegrilltes Obst mit einem schönen Spiel von Röstaromen, Fruchtsüße und etwas Säure, dazu eine cremige Sauce und eine knusprige Komponente. Auch für gegrillten Käse mit Frucht bin ich zu haben.

O wie „Ossi"-Vakuumierung

In den Zeiten, als ich noch keinen professionellen Kammervakuumierer besaß, stand ich stets vor dem Problem, Fleisch bzw. Gemüse luftdicht aufzubewahren. Und spätestens als ich mich mit dem Sous-vide-Garen beschäftigte, konnte ich Kochbeutel mit Luftblasen im Inneren nicht mehr tolerieren. Beim Experimentieren entdeckte ich schließlich den Ziploc-Beutel: einfach Wasser in ein hohes Gefäß füllen, ein Steak in den Ziploc-Beutel legen und diesen bis auf eine kleine Öffnung verschließen. Dann den Beutel unter Wasser halten, sodass der Wasserdruck die Luft komplett herausdrückt, und den Beutel vollständig verschließen. Das ist meine in Szenekreisen bekannte Ossi-Vakuumierung.

P wie Poren schließen

Die Legende, dass sich beim scharfen Anbraten die Poren schließen, sodass das Fleisch keinen Saft verliert, hält sich hartnäckig. Jedoch hat Fleisch keine Poren, die sich schließen können. Tatsache ist, dass starke, längere Hitzeeinwirkung das Kollagen zum Schrumpfen bringt und so Saft aus dem Fleisch presst. Dies zeigt sich durch das Zischen beim Anbraten von Fleisch, durch die rote Flüssigkeit auf der Fleischoberfläche und durch den Saft, der auf den Teller rinnt, noch bevor das Steak angeschnitten ist – egal ob das Fleisch zuvor scharf angebraten war oder nicht.

Q wie Qualität des Lebensmittels

Es ist fast unmöglich, anhand der Packungsangaben zu erkennen, ob man – die richtige Zubereitung vorausgesetzt – später ein schmackhaftes, saftiges Stück Fleisch auf dem Teller hat. Bezeichnungen wie „Hof Habdichlieb" sind lediglich fantasievolle Markennamen. Auch die Kennzeichnung Bio sagt nichts über den Geschmack aus. Faktoren wie das Geschlecht, das Schlachtalter, die Fütterung, die Haltung oder die Fleischreifung spielen eine große Rolle, aber das sieht man dem Fleisch in der Regel nicht an. Mein Tipp: Suchen Sie sich eine Fleischerei Ihres Vertrauens oder stellen Sie dem Personal hinter der Fleischtheke im Supermarkt einschlägige Fragen. Und dann kaufen Sie ein Stück, bereiten es auf dem Grill optimal zu, probieren es – und ziehen Ihre Schlüsse für den nächsten Einkauf.

R wie Ruhen lassen

Man lässt Fleisch ruhen, damit der Fleischsaft beim Anschneiden nicht ausläuft. Denn beim Erhitzen ziehen sich die Muskelfasern zusammen und drücken so den Fleischsaft heraus. Lässt man das Fleisch einige Minuten ruhen, dicken Eiweiße den Fleischsaft wieder ein. 5–10-minütiges Ruhen auf einem Rost an einem warmen Ort reicht. In Alufolie eingewickeltes Fleisch kühlt nicht gleichmäßig ab und verdunstendes Wasser kondensiert an der Folie. Dadurch ruinieren wir auch die Fleischkruste.

S wie Sous-vide

Die Vorteile des Sous-vide-Garens sind für mich offensichtlich: Das Gargut wird schon im Garbeutel mit Gewürzen, Kräutern und Ölen aromatisiert. Durch den minimalen Wasseraustritt bleibt das Fleisch saftig und weich, und der ideale Garpunkt lässt sich genauer steuern. Ein Beispiel: Die ideale Kerntemperatur von Rindersteak ist nicht für jeden gleich. Der eine mag es rare (52 °C) der andere medium 56 °C. Diesen genauen Punkt auf einem Grillrost hinzubekommen, der mindestens 250 °C heiß ist, ist eine Leistung.

S wie Sizzle Zone

Dem sous-vide oder auch rückwärts gegarten Fleisch fehlen Röstaromen – nun brauche ich große Hitze auf den Punkt. Dafür ist der Infrarot-Seitenbrenner, die Sizzle Zone, ideal. Bei einer Temperatur über 800 °C erreiche ich schnell meine Röstaromen, ohne dass die Kerntemperatur nach oben geht. Für Grills ohne Sizzle Zone empfehle ich eine auf hohe Temperaturen vorgeheizte Gussplatte.

S wie Steak

Oft hört man, dass ein Steak mindestens 2 Stunden vor dem Grillen aus dem Kühlschrank genommen werden soll, damit es Raumtemperatur annehmen kann, dadurch keinen Hitzeschock bekommt und saftiger bleibt. Allerdings macht dies spontanes Grillen nahezu unmöglich, und ich frage mich, ob der Schock wirklich weniger groß ist, wenn das Steak mit 20 °C statt mit 5 °C auf den 300 °C heißen Grill gelegt wird …

Also, wenn ich Lust auf ein Steak habe, nehme ich es aus dem Kühlschrank, würze es mit einer Prise Salz und warte 10–15 Minuten, bis der Grill heiß ist. Dann grille ich das Steak unter stetigem Wenden – alle 25 Sekunden –, bis es eine Kerntemperatur von 55 °C hat. Nun noch eine kleine Ruhepause und dann: Guten Appetit!

U wie Umami

Der Begriff kommt aus dem Japanischen und wird neben süß, sauer, salzig und bitter als der fünfte Geschmackssinn bezeichnet. Er gilt als Oberbegriff für herzhaft, wohlschmeckend fleischig und wird durch glutaminsäurereiche Lebensmittel wie Parmesan oder getrocknete Tomaten ausgelöst.

V wie Vegetarisch

Ich bin überzeugt, dass mehr Menschen öfter vegetarisch essen würden, wenn sie Gemüse besser zubereiten könnten. Der größte Feind vieler Gemüsesorten ist Wasser, da es sie auslaugt. Gemüse besteht zu einem großen Teil aus Wasser – mit ein wenig Geschmack drumherum. Es gilt, das Wasser beim Grillen zu reduzieren, sodass viel Geschmack und Textur übrig bleiben, die man dann mit Salz, Gewürzen und Butter oder Olivenöl unterstreicht.

W wie Wintergrillen

Folgende Dinge sollte man beim Grillen im Winter unbedingt beachten: Bei kalter Witterung ist ein Deckel unabdingbar, um eine brauchbare Temperatur auf dem Grill zu erzeugen und zu halten.

Auch auf das Gas sollte man ein Auge haben. Bei portablen Grills wird oft mit Gaskartuschen gearbeitet, die einen höheren Butananteil haben. Mit dieser Mischung wird Grillen unter 5 °C fast unmöglich. Bei Propangasflaschen ist das kein Problem. Allerdings kann es auch hier passieren, dass die Flasche einfriert, wenn bei einem größeren Grill alle Brenner auf Volldampf laufen. Dafür gibt es Armaturen, mit denen man zwei Flaschen in Reihe schalten kann, sodass der Grill aus beiden Gas zieht.

Bei der Zeitplanung sollte man beachten, dass größere Fleischstücke bei Kälte unter Umständen eine längere Garzeit haben. Um unnötiges Deckellüften zu vermeiden, empfehle ich ein Kerntemperaturthermometer. Hinsichtlich der Essenswahl bin ich beim Wintergrillen ein Fan von Faustfood – Burger, Wraps, Spieße. Sie sind praktischer, da die Gäste meistens stehen, und sie werden schneller gegessen. Bedenken sollte man auch, dass Saucen in der Kälte fest werden können. Praktisch ist hier eine mit Wärmeakkus (Kühlakkus, die man zuvor in heißes Wasser legt) ausgestattete Kühlbox.

Als Beilage bevorzuge ich warme Komponenten – an einer warmen Folienkartoffel kann man sich auch mal die Finger wärmen. Und Porzellan- oder Glasteller sollte man vorwärmen oder man greift zu Einweggeschirr, zum Beispiel aus Holz oder Zuckerrohr. Für die Getränke funktionieren Sie einen Grill als Hot-Bar um und stellen Töpfe, zum Beispiel mit Glühwein, heißem Caipi oder Fruchtsäften darauf. Ein Dessert darf natürlich auch nicht fehlen. Bratapfel oder gegrillte Banane machen nicht viel Aufwand und sind der krönende Abschluss für ein Wintergrillmenü. Beim Grillen in der dunklen Jahreszeit ist natürlich die Beleuchtung auf dem Grill wichtig. Einige Grills haben sogar eine Innenbeleuchtung und als Zubehör gibt es Strahler, die man am Deckel befestigt. Ansonsten ist es wichtig, dass der Platz um den Grill herum beleuchtet ist. Ich empfehle auch einen Infrarotstrahler als Licht- und Hitzequelle.

X wie Xmas

Auch zu Weihnachten ist Grillen ein Thema. Zum einen kann man begeisterte Griller mit Geschenken – neues Zubehör, interessante Grillbücher, Gutscheine für Grillseminare – glücklich machen. Zum anderen wird in den vorweihnachtlichen Wintergrillseminaren sehr oft gezeigt, wie man eine Weihnachtsgans samt Beilagen auf dem Grill bereitet. Ich bin ein großer Freund von Ente am Spieß. Und auf immer mehr Weihnachtsmärkten findet man den BBQ-Klassiker Pulled Pork. Nicht zu vergessen die Silvester-Grillparty und das neujährliche Jahresangrillen.

Z wie Zubehör

Die Auswahl auf dem Zubehörmarkt ist riesig. Vieles ist meines Erachtens überflüssig, eine kleine Grundausrüstung erfüllt ihren Zweck. Ich trage beim Grillen meistens schwarze Grillhandschuhe aus Latex, denn damit kann ich ganz gut auf dem Grill hantieren. Und meine Grillzangen dürfen nicht zu lang sein, müssen gut in der Hand liegen und dürfen keinen komplizierten Schließmechanismus haben.

MIT HOLZKOHLE ZUR ZIVILISATION

Ich bin überzeugt: Die älteste Art der Speisezubereitung, das Grillen, machte auf Dauer den Unterschied in der Entwicklung von Mensch und Affen – obwohl ich auch da mittlerweile manchmal am Zweifeln bin. Mit der Bändigung des Feuers und beim Rösten frisch erlegter Wildtiere machten die Neandertaler ihre ersten kulinarischen Erfahrungen. Genau aus diesem Grund ist es auch nicht verwunderlich, dass viele von uns heute noch beim Geruch von frisch gegrilltem Fleisch in Ekstase geraten.

VORTEILE DER HOLZKOHLE

Bei den damaligen, ersten Grillversuchen haben unsere Vorfahren schnell mitbekommen, dass das Grillen über dem offenen Feuer nicht so einfach ist und dass das Fleisch schnell verbrennt. Sie kamen aber ebenso fix dahinter, dass sich unverbranntes Holz, das glüht, besser zum Grillen eignet. So begannen sie nach Waldbränden, das zu Holzkohle verkokte Holz zu sammeln. Die Vorteile dieser Holzkohle erkannten sie schnell: Sie war leicht zu transportieren und brannte sauberer, heißer und gleichmäßiger als Holz. Doch bis die Menschen erkannten, wie sie den Prozess des Verkokens selbst kontrollieren können, verging noch eine lange Zeit. Aus meiner Sicht ist klar: Die Holzkohle brachte uns das Rüstzeug für die Zivilisation.

DIE HERSTELLUNG

Gute Holzkohle sollte aus Harthölzern wie Buche oder Eiche hergestellt sein. Nadelhölzer eignen sich weniger, da ihr Harzanteil hoch ist. Mittlerweile gibt es diverse Methoden zur Herstellung von Grill-Holzkohle. Nachfolgend sollen einige davon erläutert werden.

1. Die Verkohlung von Holz in Meilern und/oder Haufen:
Hier erhitzt man das Holz in geschlossenen halbkugelförmigen Erdhügeln ohne Luftzufuhr. Ich stamme aus dem Harz, wo man noch regelmäßig diesem alten Handwerk nachgeht. Und ich muss sagen: So ein rauchender Meiler im Wald hat schon etwas Ursprüngliches. Auch wenn der Köhler mit rußgeschwärztem Gesicht berichtet, dass er eine Woche lang Tag und Nacht am Meiler gewacht hat. Er muss aufpassen, dass der Meiler nicht zu viel Luft bekommt, damit das Holz nicht verbrennt. Das erkennt er am aufsteigenden Rauch. Wenn der Rauch weiß ist, verkokt das Holz gleichmäßig, aber sobald der Rauch blau wird, brennt das Holz, und er muss die Luftzufuhr im Meiler drosseln. So ursprünglich diese Methode auch ist, so hat sie doch auch Nachteile: Beim Verkoken des Holzes entstehen im Meiler Teer und Holz-essig, welche in den Boden sickern und sich teilweise auch noch in der Holzkohle befinden. Diese Holzkohle raucht beim Grillen.

2. Herstellung im Retortenverfahren:
Kurz gesagt bezeichnet dieses Verfahren die Verkohlung von Holz in geschlossenen Gefäßen, die von außen – ohne Luftzufuhr – geheizt werden. Hier nun die Herstellung im Detail: Bei der Herstellung im Retortenverfahren – einmalig in Deutschland vom Grill-Holzkohle-Hersteller proFagus angewendet – wird das Holz über einen Zeitraum von etwa zwei Jahren gelagert und dann getrocknet, bis sein Wassergehalt unter 20 % liegt. Dieses Holz wird über Fließbänder in die Retorte gefüllt und dort unter Luftausschluss kontrolliert auf mindestens 275 °C erhitzt. Dann steigt die Temperatur bei der Verkokung von allein weiter bis auf etwa 500 °C. Die Grillkohle aus der Retorte hat nach Angaben des Herstellers einen Kohlenstoffgehalt von über 80 %. Zur Weiterverarbeitung wird die Holzkohle nach Größen sortiert. Größere Stücke kommen in 10–15-kg-Säcke. Sie sind für die Gastronomie oder andere Großverbraucher gedacht. Die kleinen Stücke werden für den privaten Endverbrauch in 2,5–6-kg-Säcke gefüllt.
Die Vorteile: Giftige Stoffe, die bei der Verkohlung von Holz entstehen, werden herausgefiltert. Das heißt, die anfallenden Nebenprodukte (Teer, Holzessig, Raucharomen usw.) können weiterverarbeitet werden, und die Grill-Holzkohle bleibt frei von giftigen Stoffen.
Der Staub und die kleineren (2 cm) Holzkohlestücke, die bei diesem Verfahren übrig bleiben, werden zur Herstellung von Grillbriketts verwendet: Die Mischung wird gemahlen, mit einem natürlichen Binde-mittel – oft ist es Getreidestärke – vermischt, in Formen gepresst und 3 Stunden bei 80 °C gebacken. Diese

Briketts brauchen zwar im Vergleich zur Holzkohle etwas länger zum Entzünden, halten die Hitze aber länger. Gute Holzkohle und Briketts verbrennen nahezu rauchfrei. Lediglich beim Anzünden der Briketts bildet sich etwas Rauch, hervorgerufen durch die Verbrennung des Bindemittels.
Wichtig ist zudem: Wo Grillkohle draufsteht, ist nicht immer Holzkohle drin. Einige Anbieter stellen auch Grillkohle aus Braunkohle her. Auf dem Markt gibt es viele Anbieter von Holzkohle. Der größte Anteil der Holzkohle – über 90 % – wird importiert. Paraguay, Polen und Argentinien spielen dabei die Hauptrolle. Weiterhin ist aus verkokten Kokosnussschalen hergestellte Holzkohle nicht mehr vom Markt wegzudenken.

HOLZKOHLE VERSUS BRIKETTS

Diskussionen über die Verwendung von Grillkohle oder Briketts sind gang und gäbe. Da werden die Vorteile der Grillkohle – sie brennt schneller, heißer und sauberer – mit denen von Briketts verglichen. Viele Grillkohle-Anhänger sind auch überzeugt davon, dass Buche, Mesquite, Eiche oder Birke beim Grillen etwas von ihrem Aroma an das Gargut abgeben. Demgegenüber schwören die Brikettfans auf die stetige, lang anhaltende Wärme. Auf den Briketts bildet sich nach einer Weile eine Ascheschicht, welche die Glut etwas isoliert. Sie verbrennt dadurch kühler, aber auch langsamer und länger.
Die meisten Fehler beim Grillen mit Holzkohle werden dann gemacht, wenn man den Sack in der Hand hat und auflegen will. Zu diesem Zeitpunkt muss man sich entscheiden: »Will ich schmieden oder grillen?« Viele Griller – egal ob sie Holzkohle oder Briketts bevorzugen – legen einfach zu viel auf und entfachen ein Schmiedefeuer. Fix legen sie in Öl marinierte Steaks und Würstchen auf den Grill, und das Feuerwerk kann losgehen. Fett tropft in die Höllenglut, entzündet sich und heizt als weitere Hitzequelle ordentlich ein. Diese Steaks sind entweder furztrocken oder außen schwarz und innen roh. In solchen Fällen empfehle ich Anzündkamine, in denen die Kohle oder Briketts vorglühen und anschließend auf dem Grill besser dosiert eingesetzt werden können.
Ich persönlich heize immer erst mit Holzkohle an, mit der ich ohne Probleme 1 Stunde grillen kann. Sollte es doch länger dauern, lege ich Briketts nach. Dann habe ich genug Hitze für die nächsten 3–4 Stunden.

WIE STEUERT MAN DIE HITZE AUF DEM GRILL?

Nun mag sich so mancher die Frage stellen: Wie steuere ich die Hitze meines Holzkohlegrills? Da gibt es ein paar Tricks: Sobald die Temperatur sinkt, die unteren Belüftungsschlitze – jeder brauchbare Kugelgrill sollte welche haben – öffnen. Damit mehr Sauerstoff an die Glut kommt, kann man auch die Kohlen schüren und von der Ascheschicht befreien. Keinesfalls sollte man voreilig nach dem Holzkohlesack greifen und nachlegen. In den meisten Fällen reicht es aus, die Luftzufuhr zu erhöhen. Falls die Temperatur nicht steigt, ist es empfehlenswert, Kohle in einem Anzündkamin vorzuglühen und dann nachzulegen.
Sollte die Kohle zu heiß geworden sein, die Sauerstoffzufuhr im Grill drosseln. Mit diesem System der regulierten Luftzufuhr können erfahrene Griller den Holzkohlegrill fast auf das Grad genau steuern. Es ist Übungssache, mit der verzögerten Reaktion des Abkühlens und Aufheizens von Holzkohle optimal umgehen zu können. Dabei sind auch Faktoren wie die Außentemperatur, die Qualität der Holzkohle und die Windverhältnisse zu berücksichtigen.

DAS TYPISCHE AROMA

Zurück zum Geschmack der zu Holzkohle verkokten Hölzer. Sobald die Flammen auf dem Grill verloschen sind und die Holzkohle glüht, ist alles verbrannt, was Geschmack an das Grillgut abgeben könnte. Alle Aromastoffe, die je im Holz waren, haben sich in Rauch aufgelöst, bevor das Grillgut den Rost überhaupt berührt hat. Was jetzt im Grill liegt – egal ob Holzkohle oder Briketts –, ist blanker glühender Kohlenstoff, welcher keine Aromen abgeben kann.
Aber was ist denn nun das typische Grillaroma beim Grillen mit Holzkohle? Rein wissenschaftlich betrachtet gibt es dieses Aroma nicht. Was beim Grillen verführerisch riecht und einem das Wasser im Mund zusammenlaufen lässt, sind die Fleischsäfte und Fette, die auf die Kohlen oder heißes Metall tropfen und dort verbrennen. Dort laufen beim Verdampfen der Proteine, Öle, Zucker etc. viele komplexe chemische Reaktionen ab. Die entstehenden Verbindungen ziehen dann als Dampf über das Grillgut und verleihen diesem den unvergleichlichen Geschmack.

GAS ODER HOLZKOHLE?

Komfort gegen Leistung ist das eigentliche Thema bei diesem Vergleich. Holzkohleglut wird heißer als die üblichen Gasbrenner. Gasbrenner brennen zwar sauberer mit einer leicht bläulichen Flamme bei deutlich heißeren Temperaturen von 1.500–2.000 °C. Aber sie geben die meiste Hitze an die Luft ab, die nach oben steigt, den Grillrost aufheizt und im Vorbeiströmen das Gargut erwärmt. Diese heiße Luft bringt nicht die Hitze, um ein Steak zu bräunen. Wenn Holzkohle richtig glüht, gibt sie Strahlungshitze im Bereich von 1.000 °C ab. Bei Holzkohle und bei modernen Gasgrills sprechen wir von Infrarotstrahlung.
Über den meisten Gasbrennern gibt es aus diesem Grund Lavasteine und ein Wärmeleitblech, die die Energie aufnehmen und als Strahlungshitze abgeben. Die Bleche und Lavasteine werden aber nicht so heiß, dass sie glühen können. Mit diesem Wissen im Hinterkopf hat sich der Grillhersteller Napoleon entschlossen, bei einigen Modellen einen sogenannten Sizzle-Zone-Infrarotbrenner einzubauen, bei dem das Gas durch viele kleine Löcher in einer Keramikplatte strömt. Das Gas wird entzündet, und die bis zu 2.000 °C heißen Verbrennungsgase geben die Hitze an die Keramikplatte ab, welche dann nach etwa 2 Minuten glüht. Da aber bei dem Prozess immer noch ein Großteil der Hitze an die Luft abgegeben wird, liegt die Temperatur auf so einer Sizzle Zone bei etwa 800 °C.
Der erfahrene Griller benötigt solche hohen Temperatur nur punktuell, um rasch Röstaromen zu erzeugen. Ich gare die meiste Zeit mit niedrigeren Temperaturen, und da kommen eindeutig die Vorteile eines modernen Gasgrills zum Einsatz, bei dem ich die Temperatur im Grillraum von 80 °C bis über 400 °C innerhalb von Minuten steuern kann. Wer beide Grillarten, Gas und Holzkohle, kombinieren möchte, für den bietet die Firma Napoleon einen Holzkohleeinsatz aus Guss an, den man über den Gasbrennern platziert. Die Gasflamme entzündet die Holzkohle, die auf einer Seite des Grills große Strahlungshitze bringt.

DER GRILLKAUF

Da Sie dieses Buch in der Hand halten, gehe ich davon aus, dass Sie sich ein Gerät anschaffen möchten, mit dem man die Rezepte nachgrillen kann. Alle Rezepte in diesem Buch lassen sich mit den meisten modernen Gasgrillgeräten problemlos zubereiten, mit einem Holzkohle- grill kann es etwas kniffliger werden.
Sie möchten sich einen Holzkohlegrill anschaffen? – Vielleicht überlegen Sie doch noch mal, ob es nicht ein Gasgrill werden soll? Folgende Gründe sprechen für Holzkohle:

- Ihrer Frau ist Gas nicht ganz geheuer und zu gefährlich. Sie sollten wissen: Die meisten Unfälle passieren beim Grillen mit Holzkohle.
- Sie haben keine Nachbarn, die Sie mit Rauch belästigen könnten.
- Sie haben viel Zeit, der Kohle beim Anbrennen zuzuschauen. Zusatznutzen: Asche aus reiner Buchenholzkohle ist ein prima Blumendünger.
- Sie hassen spontanes Grillen à la »Mann kommt von der Arbeit nach Hause und macht sich mal fix was auf dem Grill«.
- Sie lieben das ursprüngliche Grillen mit dem Akt des Feuerentzündens und die Vorstellung, dass Sie als Häuptling der Sippe frisch erlegtes Wildbret auf dem Grill zubereiten. Übrigens: In der Steinzeit hüteten meist die Frauen das Feuer.

Wenn Sie dennoch von Holzkohle überzeugt sind, sollten Sie darauf achten, dass der Grill einen Deckel mit Thermometer und einen abnehmbaren Aschekasten besitzt. Zudem sollte der Grill oben und unten Lüftungsschlitze zur Temperaturregelung haben und mit einem Gussrost ausgestattet sein. Gute Modelle gibt's ab etwa 300 Euro.

DER GASGRILL

Die Auswahl bei den Gasgrills ist ausgesprochen groß. Zuerst einmal muss man sich zwischen einem und bis zu sechs Brennern entscheiden. Zudem werden angeboten: Backburner für Grillspieße, Seitenkochfeld, Infrarotseitenbrenner, Grillinnenraumbeleuch-

Vergleichsgerät eines namhaften Herstellers	Napoleon LE3
Leistungsberechnung 12,3 kW Leistung mit 3 Brennern Grillfläche 66x50 cm = 3.300 cm² (Fläche Warmhalterost nicht eingerechnet) 12.300 W : 3.300 cm² = Leistung pro cm²: 3,7 W	**Leistungsberechnung** 14,4 kW Leistung mit 3 Brennern Grillfläche 69x46 cm = 3.174 cm² (Fläche Warmhalterost nicht eingerechnet) 14.400 W : 3.174 cm² = Leistung pro cm²: 4,5 W **Zusätzlich vorhanden:** Seiteninfrarotbrenner Sizzle Zone: 3,8 kW Infrarot-Backburner: 4,0 kW
UVP: 1249,00 Euro	UVP: 1249,00 Euro

tung und Vieles mehr. Das gibt's in fast jeder Größe – vom kleinen Grill für den Balkon bis hin zu einer kompletten Außenküche. Wenn man sich für eine Grillgröße entschieden hat, die Verarbeitung und Qualität stimmt und die Ausstattung zweier Geräte ähnlich und der Preis halbwegs vergleichbar ist, kann man deren Leistung miteinander vergleichen. Beispielhaft habe ich das für Sie getan (siehe Tabelle Seite 12). Zudem empfehle ich, als Back-up immer eine Gasflasche im Haus zu haben. Was nützt der beste Grill, wenn kein Gas da ist? Mit einer 5-l-Flasche grille ich 8–10 Stunden.

DIE REINIGUNG DES GRILLS

Nicht zu unterschätzen bei der Kaufentscheidung ist die Frage, wie sich dieser schöne Gasgrill reinigen lässt. Moderne Gasgrills haben so etwas wie eine Selbstreinigung. Bei geschlossenem Deckel heize ich den Grill auf. Bei Temperaturen über 300 °C verbrennen alle Reste des Grillguts im Innenraum zu Asche. Die Pyrolyse ist abgeschlossen, wenn kein Rauch mehr aufsteigt. Dann lasse ich den Grill ein wenig abkühlen und reinige den Grillrost mit einer Grillreinigungsdrahtbürste.

Die Flächen mit dem vom Grillhersteller empfohlenen Reinigungsmittel oder mit warmem Wasser mit Spülmittel reinigen. Vorsicht ist bei der Verwendung von Backofenreinigern geboten. Diese erst einsetzen, wenn der Grill nur noch leicht warm ist. Kommt chemischer Reiniger auf den heißen Grill, bilden sich giftige Dämpfe, die man besser nicht einatmet. Zudem sollte man den Backofenreiniger, bevor man ihn auf glatte, glänzende Außenflächen sprüht, an einer Stelle testen, die man nicht auf den ersten Blick sieht.

Die meisten Gasgrills besitzen unter den Brennern eine Fettauffangwanne. Diese sollte auch regelmäßig gereinigt werden. Falls sich Fett und verbranntes Grillgut entzünden, hat man den schönsten Fettbrand im Grill. Da hilft nur: Gasflasche zudrehen, aus dem Unterschrank entfernen und den Grilldeckel schließen, bis die Flammen erloschen sind.

GUSSEISEN ODER EDELSTAHL?

Gastbeitrag von Markus Mizgalski, leitender Redakteur des GrillMagazins und Grillblogger (pottfeuer.de)

Der Abdruck des Grillrosts, das so genannte Branding, ist auf einem perfekten Steak unverzichtbar. Nur: Wie bekommt man den Rost dazu, sein Muster ins Fleisch zu brennen? Das Material des Rosts spielt hier eine wichtige Rolle. Viele Grills werden serienmäßig mit einem Rost aus relativ dünnen Edelstahlstreben ausgeliefert, und mit denen wird das Branding bestenfalls »negativ«. Das bedeutet, dass der Bereich zwischen den Streben heißer ist als das Metall und hier die Maillardreaktion entsprechend stärker abläuft. Eigentlich sollte der Rost heißer sein als die Umgebung.

Aus diesem Grund besitzen einige Grills Roste aus Gusseisen, optional gibt es diese als Zubehör zum Nachrüsten. Gusseisen, also Grauguss, hat gegenüber Edelstahl einige Vor-, aber auch Nachteile. Die Wärmekapazitäten nehmen sich zwar nicht sehr viel – die von Grauguss liegt etwas höher als die von Edelstahl –, aber die in aller Regel massigeren Stäbe der Gussroste machen sich bemerkbar. Sie kühlen, legt man das Fleisch auf, an den Auflagestellen nicht so schnell aus und sorgen daher, sofern die Ausgangstemperatur hoch genug ist, für ein perfektes Branding. Natürlich sinkt dabei auch die Oberflächentemperatur des Gussrosts, aber neben der Masse spielt auch die deutlich höhere Wärmeleitfähigkeit im Vergleich zu Edelstahl eine Rolle. Der hohe Graphitanteil im Gusseisen sorgt dafür, dass Wärme schneller durch das Material transportiert wird. Obendrein absorbiert die dunkle Farbe die Wärmestrahlung besser.

Dicke Edelstahlroste entwickeln mit der Zeit in Ansätzen ähnliche Eigenschaften, weil ihre Unterseite an Glanz verliert. Auch sie bieten eine gute Wärmekapazität und können ein Branding auf das Steak zaubern. Wer aber oft und viele Steaks grillt, kommt um einen Gussrost eigentlich nicht herum; für indirektes Grillen tut es in jedem Fall auch das mitgelieferte Edelstahl-Exemplar. Hinsichtlich der Pflege allerdings ist Letzteres etwas im Vorteil. Zwar lässt sich Gusseisen mittels Pyrolyse reinigen, starken Verkrustungen muss man aber auch schon mal mit einem Rasierklingenschaber zu Leibe rücken. An den breiten, heißen Roststäben backt schnell etwas fest, wenn man sie vor Gebrauch nicht sorgfältig eingeölt hat. Einweichen, insbesondere mit Spülmittel, kann man einen Edelstahlrost, sollte man bei Gusseisen aber tunlichst unterlassen. Ansonsten muss man den Rost extrem sorgfältig wieder einbrennen, damit die Spülmittelreste aus dem porösen Material verschwinden. Das ist übrigens vor der allerersten Verwendung ebenfalls nötig, weil das Öl aus dem Fertigungsprozess ausgebrannt werden muss.

SOUS-VIDE-GAREN UND GRILLEN

Wieso gart jemand wie ich, dessen Beruf das Grillen ist, Lebensmittel sous-vide? Eine berechtigte Frage. Aufmerksam wurde ich auf diese Garmethode im Jahr 2009 bei dem Symposium »Chefsache«. Auf der Bühne vakuumierten Köche Fleisch und Fisch und legten diese in ein durchsichtiges, digital gesteuertes Wasserbad – für mich neumodischer Firlefanz, den ich als »Aquariumskochen« abtat. Als ich dann aber die Vorteile dieser Gartechnik erläutert bekam und das sous-vide zubereitete Fleisch probierte, änderte sich meine Meinung.

Was mich allerdings abschreckte, waren die Garzeiten von bis zu 72 Stunden – mir reicht es schon, wenn ich 12 Stunden am Smoker sitze. Trotzdem las ich Bücher, um die Technik zu verstehen. Was mir fehlte, war die Ausrüstung: ein Vakuumierer und ein Sous-vide-Gerät. Aus Kostengründen entschied ich mich, ein digital temperaturgesteuertes Wasserbad selbst zu bauen. Durch meine ostdeutsche Herkunft war ich zu basteln und improvisieren gewohnt. Ich kaufte eine Heizquelle, genau genommen einen Tauchsieder für 5 Euro, ein digitales Thermostat für 39 Euro und zur Wasserumwälzung eine Zimmerspringbrunnenpumpe, sie kostete 4,95 Euro. Das alles installierte ich in einer Kühlbox – und voilà, es funktionierte. Die Wassertemperatur in der Box habe ich zusätzlich noch mit digitalen Kerntemperaturthermometern überwacht.

Jetzt fehlte mir nur noch eine Art Vakuumierer. Ich experimentierte mit Staubsaugern und kleinen Vakuumpumpen, aber die simpelste Lösung kam mir nicht in den Sinn: der Ziploc-Beutel (wiederverschließbarer Gefrierbeutel). Einfach Wasser in ein hohes Gefäß füllen, ein 300-g-Steak in den Ziploc-Beutel stecken und den Beutel bis auf eine kleine Öffnung verschließen. Den so vorbereiteten Beutel unter Wasser drücken, sodass der Wasserdruck die Luft komplett aus dem Beutel drückt (verbleiben Luftblasen im Beutel, schwimmt dieser im Wasserbad an der Oberfläche und das Fleisch gart ungleichmäßig). Dann muss der Beutel nur noch vollständig verschlossen werden, und das Steak ist sozusagen vakuumiert.

Nun begann für mich das eigentliche Experiment: Ich legte ein Steak im Vakuumbeutel für 6 Stunden ins 55 °C warme Wasserbad. Das sous-vide gegarte Fleisch war im Anschnitt gleichmäßig dunkelrosa und sehr zart. Nur etwas fehlte: der Grillgeschmack, die Röstaromen. Also habe ich das Steak kurz bei hohen Temperaturen angegrillt, sodass es Röststellen bekam. Noch ein bisschen Pfeffer und Salz, und das Steak war nach meinen damaligen kulinarischen Empfindungen nahezu perfekt. Grünes Licht für meine mittlerweile in Szenekreisen bekannte Ossi-Vakuumierung holte ich mir bei Thomas Vilgis. Er bestätigte mir, dass es aus seiner Sicht weder bakteriologische noch gartechnische Einwände gibt. Er selbst wickele manchmal sein Gargut nur fest in Frischhaltefolie: »Das Entscheidende ist nicht das Vakuumieren, sondern die exakte Temperatursteuerung, die heute bei den handelsüblichen Geräten kein Problem mehr ist«, erklärte er.

Durch viel Experimentieren und regen Erfahrungsaustausch entwickelte ich Rezepte und merkte, dass beim Sous-vide-Garen – genau wie beim Grillen – Gargut, Zeit und Temperatur aufeinander abgestimmt sein müssen. Sous-vide-Garen in Kombination mit Grillen ist für mich momentan eine der besten Kombinationen zur Veredelung von Lebensmitteln. Eine passende Bezeichnung für die Vorbereitung vom Grillgut im temperierten Wasserbad war auch schnell gefunden: »Thermal-Marinieren«.

Für mich liegen die Vorteile vom Sous-vide-Garen auf der Hand: Es gibt mir die Möglichkeit, mein Gargut, beispielsweise Fleisch, auf den Punkt und gleichmäßig vorzugaren. Nun mag der Einwand kommen, dass das nichts mehr mit Grillen zu tun hat. Aber mir geht es beim Grillen in erster Linie darum, ein nahezu perfekt gegartes Stück Fleisch mit angenehmen Röstaromen auf den Teller zu bringen. Möchte man Fleisch perfekt garen, ist das Temperaturfenster sehr eng, und mithilfe des kontrollierten Sous-vide-Garens kann ich eigentlich nicht mehr viel falsch machen.

Ein Beispiel: Die ideale Kerntemperatur von Rindersteak ist nicht für jeden gleich. Der eine mag es rare (52 °C) der andere medium 56 °C. Diesen genauen Punkt auf einem Grillrost, der mindestens 250 °C heiß ist, hinzubekommen, ist eine Leistung. Vor allem, wenn man bedenkt, dass das Fleisch beim Ruhen weitergart, bis sich eine gleichmäßige Temperaturverteilung eingestellt hat. Da ist es einfacher, die Kerntemperatur des Fleischs im Wasserbad kurz vor den idealen Punkt zu bringen und dem Fleisch anschließend nur noch kurz bei sehr hoher Hitze Röstaromen zu verleihen.

Hier noch einmal die Vorteile des Sous-vide-Garens auf den Punkt gebracht: Das Gargut – auch Obst und Gemüse kann man sous-vide garen – wird schon im Garbeutel mit Gewürzen, Kräutern und Ölen aromatisiert. Durch den minimalen Wasseraustritt bleibt das Fleisch saftig und weich, und der ideale Garpunkt lässt sich genauer steuern.

VAKUUMIEREN OHNE VAKUUMIER-GERÄT

Das Gargut – ggf. samt Marinade – in einen Ziploc-Beutel (wiederverschließbarer Gefrierbeutel) geben. Diesen in einem Wasserbad bis zum Verschluss unter Wasser drücken. Die Luft wird aus dem Beutel heraus gedrückt. Den Ziploc-Beutel vorsichtig verschließen, sodass keine Luft mehr im Beutel bleibt. Dabei aufpassen, dass kein Wasser aus dem Wasserbad in den Garbeutel gelangt.

Den verschlossenen Beutel aus dem Wasserbad heben und schon hat man sozusagen ein vakuumiertes Stück Fleisch. Dieses kann nun im Sous-vide-Gerät oder einem selbst gebauten Wasserbad (siehe Seite 28) gegart werden.

Thomas Vilgis

EIGNET SICH SOUS-VIDE-GAREN AUCH FÜR WILD?

Grillen heißt auch Aromatisieren. Durch das Garen bei hohen Temperaturen entwickelt die Oberfläche des Grillguts, egal ob Fleisch oder Gemüse, karamellartige, rauchige und auch würzige Aromen. Der Kern des Lebensmittels muss nicht unbedingt auf dem Grill gegart werden. Gerne werden Fleischstücke sous-vide vorgegart und später auf dem Grill nur noch »gebrandet«. Auf diese Art sind Garen und Aromatisieren entkoppelt. Sous-vide heißt, bei niedrigen Temperaturen über eine entsprechend lange Zeit im Vakuum garen. Bei dicken Rippen oder Schweinenacken sind Garzeiten von mehreren Stunden bei Temperaturen zwischen 52 °C und 58 °C keine Ausnahme. Der Vorteil ist klar: Das Fleisch bleibt saftig und rosa, es trocknet nicht aus und wird nicht zäh – besonders, wenn der Fettanteil stimmt. Sous-vide-Garen scheint eine Universalmethode zu sein.

Ganz so einfach ist es leider nicht. Vor allem geschossenes Hochwild erfordert beim Sous-vide-Garen Umsicht. Wird das feine dunkelrote Filet stundenlang sous-vide gegart, kann es unangenehm breiig werden. Das Fleisch hat zwar noch seine schöne Farbe, verliert aber praktisch seine Struktur. Bei Rindfleisch tritt dieser Effekt nicht ein, obwohl der Muskelaufbau dem Wild bis auf wenige Feinheiten ähnelt.

Fleisch ist eben nicht Fleisch. Geschossenes Wildfleisch ist blutreicher, was beim Garen den süßlichen, fast leberartigen Geschmack verursacht. Allerdings erhöht sich dadurch die enzymatische Aktivität im Muskelfleisch und führt dazu, dass sich viele Muskelproteine spalten. Wirken die Enzyme mehrere Stunden auf das Fleisch ein, verliert dieses nach und nach seine Struktur und demzufolge Stabilität und Biss. Bei herkömmlichen Garmethoden wie Kurzbraten, ist das kein Problem, wohl aber beim Garen unter 55 °C, denn manche proteinspaltenden Enzyme sind dann hoch aktiv.

RÄUCHERN VON SOUS-VIDE GEGARTEM FLEISCH

Traditionell dient Räuchern in erster Linie zur Konservierung. Heutzutage wird eher aus geschmacklichen Gründen geräuchert. Die rauchigen Aromen adsorbieren auch auf sous-vide gegartem Fleisch. Was allerdings den »Rauchbiss« anbelangt, müssen Abstriche gemacht werden – und zwar abhängig von der Sous-vide-Gar-
temperatur. Doch die Moleküle beeinflussen nicht nur die Konsistenz, sondern verleihen dem Räuchergut auch seine Farbe.

FISCH & MEERESFRÜCHTE

FISCH & MEERESFRÜCHTE

Fisch und Meeresfrüchte vom Grill gehören heutzutage zum festen Repertoire eines anspruchsvollen Grillers oder Gastronomen. Leider habe ich aber bislang selten erstklassig zubereiteten Fisch vom Grill angeboten bekommen. Meist war er total übergart – eigentlich zartes, saftiges Fischfilet wurde trocken, und Garnelen und Jakobsmuscheln erinnerten von ihrer Textur eher an Gummi.
Warum ist das so? In erster Linie liegt es wohl daran, dass Fisch eine andere Proteinstruktur hat als Fleisch – und das wird bei der Zubereitung oft nicht berücksichtigt. Bei Grillpartys kommen Fisch und Fleisch gleichzeitig auf den Grill und werden bei gleicher Hitze gleich lang gegrillt. Am Ende ist der Grillmeister in den meisten Fällen schon zufrieden, wenn der Fisch, falls er im Ganzen gegrillt wurde, noch als solcher zu erkennen ist. Denn oft bleibt er am Rost kleben oder fällt beim Wenden auseinander. Stattdessen sollte man beim Fisch im Vergleich zu einem Stück Fleisch ähnlicher Größe sowohl Garzeit als auch Temperatur deutlich reduzieren.

FISCHEINKAUF IST VERTRAUENSSACHE

Bei der mittlerweile beachtlichen Auswahl an Grillzubehör – dazu zählen beispielsweise Fischhalter, Haltekörbe oder Räucherbretter – dürfte das Zubereiten von Fisch eigentlich nicht so schwer sein. Wenn ich als Privatmensch an der Fischtheke stehe, bin ich ein Emotionskäufer. Sieht der Fisch in der Auslage frisch und ansprechend aus und der Fischhändler erzählt mir noch eine Geschichte dazu, zögere ich nicht lange und greife zu. Nun denkt sich vielleicht so mancher: Auf diese Art kann er, wenn er professionell für seine Kurse einkauft, natürlich nicht auswählen. – Warum eigentlich nicht? Fischeinkauf ist Vertrauenssache. Ein gutes Verhältnis zu dem Lieferanten oder Fischhändler erspart oft Enttäuschungen.
In Restaurants ist die Transparenz leider nicht immer gegeben. Auf vielen Speisekarten findet man den berühmten »Catch oft the Day«, den Fang des Tages. Dieses Angebot verspricht absolut frische Ware. Aber am Wochenanfang sollte man auch da vorsichtig sein, da manchmal unter diesem Slogan die übrig gebliebenen Fische vom Wochenende verkauft werden.
Als Verbraucher ist man oft in der Zwickmühle. Einerseits empfiehlt die Deutsche Gesellschaft für Ernährung, zweimal in der Woche Fisch zu essen, andererseits wird aber von verschiedenen Seiten von zu häufigem Fischkonsum aufgrund der Überfischung abgeraten. Welchen Spagat man da hinbekommt, muss jeder für sich selbst entscheiden. Ich finde, Salzwasserfische und Meeresfrüchte schmecken am besten in der Küstengegend. Und bei Süßwasserfischen hat jede Region ihre eigene Spezialität. Am Bodensee ist dies beispielsweise der Felchen.
Für Fische und Meeresfrüchte gibt es auf dem Grill die verschiedensten Zubereitungsarten: auf dem Räucherbrett, auf der Salzplanke, als Steckerlfisch, hängend geräuchert, am Spieß, in Folie gegart, in Heu gesmokt, als Filet oder ein größerer Fisch, beispielsweise ein Lachs, im Ganzen gegrillt.
Insbesondere bei diesen empfindlichen Tieren spielt das Zusammenspiel von Zeit und Temperatur eine entscheidende Rolle, um einen saftigen, zarten, geschmackvollen und auf den Punkt gegarten Fisch auf den Teller zu bekommen. Die eigene Erfahrung und Gespräche mit Kollegen sind dabei die besten Lehrmeister. Tipp: Besuchen Sie einen Grillkurs speziell für Fisch und Meeresfrüchte. Dort lernen Sie unter professioneller Anleitung den richtigen Umgang mit Fisch rund um den Grill und bekommen zudem noch viele Tipps und Tricks für zu Hause. Die Kurse werden deutschlandweit angeboten.

SEHR BELIEBT: RÄUCHERN AUF DEM HOLZBRETT

Bei Fischfilet ist das Räuchern auf dem Holzbrett eine sehr beliebte Zubereitungsmethode. Mittlerweile zählt das Zedernholzbrett zu einem der meistverkauften Zubehörartikel im Grillbereich. Obwohl auch Räucherbretter aus anderen Hölzern auf dem Markt sind, ist Zedernholz am weitesten verbreitet. Die Zubereitung von einer Lachsseite

Die Temperaturmessung bei feuchtem Brett ergibt etwa 150 °C.

auf Zedernholz zählt zu den Klassikern unter den Grillrezepten. Egal, um welches Rezept es sich handelt, ob im Internet oder aus einem Buch: Stets wird empfohlen, das Brett vor der Zubereitung mindestens 4 Stunden zu wässern. Auch ich habe bis dato immer brav diesen Anweisungen gefolgt, fand aber, dass der Fisch dort, wo er Kontakt zum Brett hatte, oft übergart war. Ich habe ihn zwar immer mit der Haut auf das Brett gelegt, aber das half nicht viel.

Der Zufall oder meine Schusseligkeit zwangen mich, den Lachs auf einem trockenen Brett zu garen, da ich bei einem Seminar vergessen hatte, besagtes Brett zu wässern. Ich bemerkte, dass bei gleicher Garzeit der Fisch an den bezeichneten Stellen nicht übergart war. Das Gegenteil war der Fall: Der Fisch hatte durchweg eine sehr zufriedenstellende Garstufe und war noch leicht glasig. Bei nächster Gelegenheit verglich ich die Methoden direkt miteinander: feuchtes gegen trockenes Brett. Mithilfe eines Infrarot-Thermometers fand ich heraus, dass das feuchte Brett viel heißer wurde als das trockene. Schon nach ein paar Minuten auf dem Grill bemerkte ich teilweise Temperaturunterschiede von über 60 °C. Das Wasser verlangsamt den Prozess des Räucherns. Solange sich Wasser im Brett befindet, fängt es nicht an zu rauchen. Bis das Brett trocken ist und zu rauchen beginnt, ist oft der Fisch schon gar.

Allerdings gibt es durchaus Gründe, das Brett zu wässern:

Die Haltbarkeit: Die Erfahrung zeigt, dass ein feuchtes Brett öfter auf dem Grill verwendet werden kann, da es nicht so schnell Feuer fängt – wenn man es mit der Hitze nicht übertreibt. Meine trockenen Bretter nutze ich drei- bis viermal, bei den feuchten sind bis zu sechs Grilleinsätze keine Seltenheit. Natürlich sollte man die Bretter nach jedem Einsatz sorgfältig säubern.

Das Zedernholzaroma: Ich habe den Eindruck, dass das Holzaroma durch das verdampfende Wasser stärker austritt und man es somit deutlicher als Geruch wahrnimmt. Dies soll aber nicht heißen, dass ich es nachher explizit im Fisch schmecke.

Zu diesem Thema findet man viele Thesen und Meinungen, die alle auf irgendeine Weise begründet sind. Ich habe für mich herausgefunden, dass das trockene Brett intensiver raucht, dass ich diesen Rauchgeschmack am Fisch auch schmecke und dass ich den Fisch nach dieser Methode besser auf den Punkt garen kann. Denn die Qualität der Speise auf dem Teller ist für mich stets der ausschlaggebende Punkt – und die Präsentation eines perfekt gegarten Lachsfilets auf der Planke ist natürlich ein Hingucker bei den Gästen.

Die Temperaturmessung bei trockenem Brett ergibt etwa 80 °C.

GRÜNSCHAL-MUSCHELN MIT TOMATEN UND SAFRAN

FÜR 4 PERSONEN ALS HAUPTSPEISE
ZUBEREITUNG: 30–40 MINUTEN
SCHWIERIGKEIT: ✪✪✪

- 1,5 kg frische Grünschalmuscheln aus Neuseeland (alternativ Miesmuscheln)
- 6 Tomaten
- 1 Zwiebel
- 2 Knoblauchzehen
- ¼ Bund glatte Petersilie
- ¼ Bund Basilikum
- ¼ Bund Thymian
- 100 ml Sonnenblumenöl
- 10 Safranfäden
- 50 ml Weißweinessig

1. Den Grill auf eine Temperatur von 200 °C erhitzen. Die Muscheln unter kaltem, fließendem Wasser abspülen. Geöffnete Exemplare aussortieren. Die Tomaten in Würfel schneiden. Die Zwiebel und den Knoblauch schälen und fein würfeln. Die Blätter von den Kräuterzweigen zupfen und grob hacken. Die Muscheln in einer Schüssel mit den Tomaten, der Zwiebel, dem Knoblauch und den Kräutern vermengen. 1–2 EL Sonnenblumenöl darüberträufeln und alles in einen Grill-Wok geben. Den Grill-Wok mit einem Deckel verschließen, dann auf den Grill setzen und die Muscheln 5–8 Minuten garen.

2. In der Zwischenzeit die Safran-Vinaigrette zubereiten: Das restliche Sonnenblumenöl mit den Safranfäden leicht erwärmen und 5 Minuten ziehen lassen. Das Safranöl vom Feuer nehmen. Dann den Essig und 1 Prise Salz zugeben und gut verrühren.

3. Die garen Muscheln vom Grill nehmen und die Safran-Vinaigrette darüberträufeln. Alles gut vermengen und sofort servieren.

JAKOBSMUSCHELN MIT CHAMPIGNONS

FÜR 4 PERSONEN
GRILLZEIT: 6–10 MINUTEN

4 Jakobsmuscheln
4 mittelgroße Champignons (so groß, dass ein Stück Muschelfleisch hineinpasst)
1 Prise Fleur de Sel
1 Prise frisch gemahlener schwarzer Pfeffer
Olivenöl extra vergine
4 Scheiben Toastbrot

Für die aromatisierte Butter
100 g Butter
1 Msp. Senf
1 TL Thymian
1 unbehandelte Zitrone, Abrieb

1. Die Jakobsmuscheln mit Küchenpapier abtupfen, salzen, pfeffern und mit ein paar Spritzern Olivenöl beträufeln. Die Champignons mit einer weichen Bürste reinigen und den Stiel entfernen.

2. Die Butter, den Senf mit den Thymianblättchen in einen stabilen Gefrierbeutel geben, den Zitronenabrieb dazugeben und alles in der Tüte vermengen.

3. Die Rinde des Toastbrotes entfernen. Die Brotscheibe mit einem Nudelholz auswalzen.

4. Nun die Jakobsmuscheln, die Champignons und das Brot von beiden Seiten angrillen. Einen Teelöffel aromatisierte Butter in die Champignons geben, die Jakobsmuscheln darauf setzen und noch einmal 2 Minuten bei geschlossenem Deckel grillen.

5. Aus dem Toastbrot ein etwa drei Zentimeter großes Loch ausstechen. Je einen Champignon mit der Muschel dort hineinsetzen und mit Olivenöl und Zitronensaft beträufeln sowie etwas Pfeffer und Salz darüberstreuen.

JAKOBSMUSCHELN IM SPECKMANTEL

FÜR 4 PERSONEN
ZUBEREITUNG: 60 MINUTEN
SCHWIERIGKEIT: ✪✪✪

16 Scheiben Räucherspeck
16 große Jakobsmuscheln
2 EL Napoleon-Fischgewürz

1. Den Speck 3–4 Minuten je Seite scharf in einer gusseisernen Pfanne oder auf einer Gussplatte angrillen, um den Großteil des Fetts zu verbrennen. Den Speck vom Grill nehmen, bevor er anfängt, braun zu werden. Mit Küchenpapier trocken tupfen und beiseitestellen.

2. Die Jakobsmuscheln in dem Napoleon-Fischgewürz wenden. Dann je ein Stück Speck um jede Muschel wickeln, dieses mit einem Zahnstocher fixieren und die Jakobsmuscheln in Frischhaltefolie eingeschlagen etwa 30 Minuten in den Kühlschrank legen.

3. Abschließend die Jakobsmuscheln direkt 3–5 Minuten pro Seite grillen, bis sie durch sind und der Speck knusprig ist. Danach sofort servieren.

TIGERGARNELEN
MIT SAMBUCA

FÜR 4 PERSONEN
ZUBEREITUNG: 70 MINUTEN
SCHWIERIGKEIT: ✪✪✪

125 ml Sambuca
12–16 sehr große Tigergarnelen (4–6 pro kg), geschält und geputzt, mit Schwanz
60 ml frisch gepresster Limettensaft
1 EL Knoblauch, püriert
1 EL frischer Ingwer, püriert
½ TL Kurkuma

Für die pikante Tomatencreme

30 ml Kokosöl oder Pflanzenöl
250 g passierte Tomaten
1 TL gelbe Senfkörner
½ TL Bockshornkleesamen
2 TL Curry
2 TL Chilipulver
1 TL Kurkuma
1–2 Scotch-Bonnet-Chilis (Schottenmütze), gehackt
3 Zehen Knoblauch, gehackt
2 TL frischer Ingwer, geschält und geraspelt
3 mittelgroße Zwiebeln, gehackt
2 TL Tamarindenpaste
60 ml Schlagsahne, 35 % Fett

1. Den Sambuca in eine Injektionsnadel ziehen. Die Nadel ein- oder zweimal an die Garnelen legen und etwa 15 ml in jede Garnele spritzen.

2. Limettensaft, Knoblauch, Ingwer und Kurkuma mischen und die Garnelen damit bestreichen. Die Garnelen abgedeckt 1 Stunde in den Kühlschrank stellen.

3. Für die Tomatencreme in einem großen Topf das Kokosöl bei mittlerer Hitze erwärmen und Senfkörner, Bockshornkleesamen, Curry, Chilipulver und Kurkuma unter Rühren hinzugeben, 1 Minute weiter rühren. Die Chilis, den Knoblauch und Ingwer in etwa 1 Minute hineinrühren.

4. Die Zwiebeln in einer gusseisernen Pfanne anbraten, bis sie golden sind, und mit den passierten Tomaten, der Tamarindenpaste und 125 ml Wasser in den Topf geben. Alles weitere 15 Minuten erhitzen. Dann die Hitze abschalten und die Sahne einrühren.

5. Die Garnelen 4–5 Minuten pro Seite grillen und mit der warmen Tomatencreme servieren.

HUMMER

FÜR 4 PERSONEN
ZUBEREITUNG: 60 MINUTEN
SCHWIERIGKEIT: ✪✪✪

2 lebende Hummer

Für die Gewürzbutter
50 g weiche Butter
1 TL Zitronenthymian
1 TL Estragon
1 Msp. Vanillemark
frisch gemahlener weißer Pfeffer
Salz
1 unbehandelte Zitrone, Abrieb

1. Den Atlantikhummer von der amerikanischen Ostküste 1 Minute kopfüber in kochendes Wasser tauchen. Hierbei den Hummer auch wirklich untertauchen.

2. Dann den Hummer im Ganzen etwa 10 Minuten (pro 100 Gramm Hummer 1 Minute) auf den etwa 200 °C heißen Grill legen.

3. Danach 5 Minuten ruhen lassen, aufschneiden, die Scheren knacken und den Darm sowie den Kopfinhalt entsorgen.

4. Die weiche Butter mit den Gewürzen nach Belieben vermischen, auf den heißen Hummer auftragen und mit Zitronenabrieb garnieren.

Adi Matzek

Grillen wird noch immer von vielen Menschen fast ausschließlich als reines Sommervergnügen gesehen. Eigentlich schade, denn Grillen vereint meiner Meinung nach viele positive Aspekte.

Zusätzlich zu den Gesundheitsaspekten, wie zum Beispiel fettarme Zubereitung, Erhaltung der natürlichen Inhaltsstoffe etc., fördert Grillen nämlich auch den kommunikativen Zusammenhalt der Menschen. Ein, wie ich meine, wichtiger Aspekt in einer kommunikationsarmen digitalen Gesellschaft.

Mein Anliegen ist es, Konsumenten durch meine Aktivitäten davon zu überzeugen, dass »Grillen zu jeder Jahreszeit« die bekömmlichste Form der Essenszubereitung für vitale Menschen darstellt.

Also überraschen auch Sie ihre Familie, Freunde und Gäste immer wieder mit Einladungen zu einem analogen Grillfest, vor allem auch mit dem Thema »Grillgenuss zu jeder Jahreszeit«.

Sie werden sehen – deren Lob und Begeisterung sind Ihnen garantiert!

Das meint Ihr

Adi Matzek
Doppel-Grillweltmeister & Fleischermeister

ADI MATZEK
www.grillschule.at
ADI MATZEK
dopgas
1. Grill- BBQ-Schule Österreichs
www.grillschule.at
NAPOLEON
AMA GÜTESIEGEL AUSTRIA
Prestige

GEFÜLLTE SARDINEN

FÜR 4 PERSONEN ALS VORSPEISE
ZUBEREITUNG: 45 MINUTEN
SCHWIERIGKEIT: ✪✪✪

12 frische, ganze Mittelmeer-Sardinen (jeweils ca. 12 cm lang)
2 Tomaten
½ Zwiebel, geschält
50 g grüne Oliven, entsteint
1 Knoblauchzehe, geschält
½ Bund glatte Petersilie
3 EL frisch geriebenes Weißbrot
frisch gemahlener Pfeffer
feines Meersalz
Olivenöl
grobes Meersalz

1. Den Grill auf 200 °C erhitzen. Die Sardinen auf der Bauchseite der Länge nach aufschneiden, die Innereien herausnehmen und die Fische sorgfältig unter fließendem kalten Wasser abspülen. Die ausgenommenen Sardinen gut trocken tupfen. Wer möchte, schneidet die Rückengräten mit einer Schere heraus. (Die Fischköpfe nicht abtrennen.)

2. Die Tomaten, die Zwiebel und die Oliven fein würfeln. Die Knoblauchzehe und die Petersilie fein hacken. Alles miteinander vermengen. Dann das frisch geriebene Weißbrot hinzufügen. Diese Füllung mit frisch gemahlenem Pfeffer und Meersalz abschmecken. Die Sardinen mit der Tomaten-Oliven-Mischung füllen. Die Bauchlappen mit einem Zahnstocher fixieren. Die gefüllten Sardinen rundherum leicht mit Olivenöl bepinseln.

3. Die Sardinen auf beiden Seiten jeweils 3–4 Minuten grillen. Dann mit grobem Meersalz bestreuen.

Eine Handvoll Queller auf den Grillrost legen und die Sardinen während des Grillens darauf betten. Auf diese Weise ist es leichter, die Fische zu wenden. Außerdem schützt der feuchte Queller die Fische vor der Hitze.

STECKERLFISCH VOM GRILL

FÜR 4 PERSONEN ALS HAUPTSPEISE
ZUBEREITUNG: 1 STUNDE 15 MINUTEN
MARINIEREN: 12 STUNDEN
SCHWIERIGKEIT: ✪✪✪

4 fangfrische, ausgenommene Forellen oder Makrelen (à 350–400 g)
1–2 Zitronen
Salz
frisch gemahlener Pfeffer
150 ml Sonnenblumenöl
1 TL edelsüßes Paprikapulver
½ TL Curry-Gewürzmischung
1 EL getrockneter Thymian
1 EL getrockneter Oregano
1 Knoblauchzehe
1 Zweig frische glatte Petersilie

1. Die ganzen Fische entschuppen und waschen. Dann innen und außen gut trocken tupfen. Die Fischhaut auf jeder Bauchseite quer 3–4-mal leicht einschneiden. Die Fische innen und außen mit frisch gepresstem Zitronensaft beträufeln und mit Salz und frisch gemahlenem Pfeffer würzen. Für die Gewürzmarinade das Sonnenblumenöl, das Paprikapulver, das Currypulver, den Thymian und den Oregano verrühren. Die Knoblauchzehe schälen und sehr fein hacken. Die Petersilienblätter von dem Zweig zupfen und ebenfalls sehr fein hacken. Beides unter die Gewürzmarinade rühren. Die Gewürzmarinade mit frisch gemahlenem Pfeffer und etwas Salz würzen. Die Fische innen und außen mit der Gewürzmarinade bepinseln und in eine Schüssel legen, diese abdecken und die Fische 12 Stunden im Kühlschrank marinieren. Die restliche Gewürzmarinade kalt stellen.

2. 4 spitzige, eckige Holzstäbe mit einer Länge von mindestens 80 cm in eine Wanne mit kaltem Wasser legen und mindestens 2 Stunden wässern. Rechtzeitig einen Holzkohlegrill vorheizen und eine schwenkbare Steckerlfisch-Halterung daran befestigen. Die marinierten Fische auf die gewässerten Holzstäbe stecken. Dazu den spitzen Holzstab (bayerisch: »Steckerl«) durch das Fischmaul entlang der Mittelgräte bis zum Schwanzende stecken. Die aufgespießten Fische 30 Minuten ruhen lassen.

3. Die Steckerlfische mit der Bauchhöhle nach oben in die Halterung stecken und über der Holzkohlenglut grillen. Je nach Hitze und Größe der Fische die Halterung nach oben oder nach unten schwenken. Die Fische mehrmals drehen und wenden, sodass die Fische gleichmäßig gar werden. Zwischendurch die Haut mit der Gewürzmarinade bepinseln. Die Steckerlfische ca. 30–40 Minuten knusprig grillen. Die fertigen Steckerlfische auf je eine Lage Pergamentpapier legen. Das Pergamentpapier über dem Fisch zusammenschlagen und dann durch sanftes Drehen den Holzstab entfernen. Den Steckerlfisch im Pergamentpapier servieren.

REGENBOGEN-FORELLE

FÜR 4 PERSONEN
ZUBEREITUNG: 50 MINUTEN
SCHWIERIGKEIT: ✪✪✪

4 Stängel frisches Zitronengras
1 unbehandelte Limone
125 g frische Kräuter (z. B. Kerbel, Petersilie, Estragon)
3 Äpfel (Gala oder Granny Smith), geschält und geraspelt
1 kleine rote Zwiebel, geschält, in dünne Scheiben geschnitten
200 g Butter, zerlassen
250 g Panko (japanische Brotkrumen)
2 TL koscheres Salz
2 TL frisch gemahlener schwarzer Pfeffer
2 ganze Regenbogenforellen (1 – 1,5 kg), gereinigt, mit oder ohne Kopf
1 unbehandelte Zitrone, in Scheiben geschnitten

1. Das Zitronengras säubern, von den Enden befreien und die weißen, leicht grünen Gräser zerkleinern.

2. Etwa einen Esslöffel von der Limonenschale abreiben, 15 ml Saft auspressen. Das Zitronengras mit den Kräutern, der Limonenschale und dem -saft, den Apfelraspeln, den Zwiebelscheiben, 175 g zerlassener Butter, dem Panko, Salz und Pfeffer mischen. Diese Füllung in das Innere der Fische geben. Die Fische dabei nicht zu sehr stopfen.

3. Die Forellen nun in einen Fischkorb legen, mit etwas zerlassener Butter bestreichen und die Forellen 10 – 12 Minuten je Seite direkt grillen. Darauf achten, dass die Haut nicht verbrennt.

4. Dann die Fische vorsichtig aus dem Korb nehmen, mit flüssiger Butter beträufeln. Die Zitrone in Scheiben schneiden und die Fische damit garnieren.

BONITO AUF DER SALZPLANKE

FÜR 4 PERSONEN ALS HAUPTSPEISE
ZUBEREITUNG: 30 MINUTEN
SCHWIERIGKEIT: ✪✪✪

2 Salzplanken
(ersatzweise eine Gussplatte)

1 TL Mehl
2 Bonitofilets (etwa 500 g; vom Fischhändler vorbereiten lassen)
4 EL Olivenöl
1 unbehandelte Zitrone
2 EL helle Sojasauce
frisch gemahlener Pfeffer
Salz

1. Die Salzplanken auf den Grill legen und auf 180 °C vorheizen.

2. Das Mehl in ein Sieb geben und die Hautseite der Filets damit bestauben. Ein paar Tropfen Olivenöl auf die heißen Salzplanken geben und die Fischfilets mit der Hautseite auflegen. Die Zitrone halbieren und mit der Schnittfläche auf die Salzplanken legen. Die Fleischseite der Filets zuerst mit Sojasauce und dann mit Olivenöl bestreichen, pfeffern.

3. Die Salzplanke auf eine kältere Stelle des Grills legen. Den Grilldeckel schließen, die Temperatur des Grills auf die Hälfte reduzieren und den Fisch etwa 10 Minuten ziehen lassen, er sollte nicht komplett durchgaren.

4. Die Salzplanke vom Grill nehmen, den Bonito etwas salzen, mit dem warmen Zitronensaft beträufeln und etwas Zitronenschale darüberreiben.

WOLFSBARSCH

FÜR 4 PERSONEN
ZUBEREITUNG: 40 MINUTEN
SCHWIERIGKEIT: ✪✪✪

1 Wolfsbarsch, ausgenommen
Salz
Napoleon-BBQ-Fischgewürz
1 unbehandelte Zitrone, in kleine Stücke geschnitten
50 g Butter in Flöckchen
250 ml Weißwein

1. Den ausgenommenen Wolfsbarsch innen salzen und mit dem Napoleon-Fischgewürz einreiben.

2. Ein Stück Alufolie mehrfach falten, sodass eine etwa 25 Zentimeter lange Rinne entsteht. Die Rinne mit kleinen Zitronenstücken und Butterflöckchen bestücken.

3. Den Fisch auf die Rinne setzen und vorsichtshalber mit Zahnstochern darauf fixieren, danach die Rinne mit Weißwein füllen. Nun den Fisch mit der Rinne auf den Grill setzen und den Deckel schließen. Durch die Hitze ziehen der Weißwein und die Aromen von innen in den Fisch.

4. Nach etwa 20 Minuten ist der Fisch gegart und kann filetiert werden. Die Flüssigkeit aus der Rinne über den Fisch geben.

PULLED ROTBARSCH

FÜR 4 PERSONEN ALS ZWISCHENGANG
ZUBEREITUNG: 30 MINUTEN
SCHWIERIGKEIT: ✪✪✪

100 ml Teriyakisauce
1 TL Tafelmeerrettich
4 Rotbarschfilets (etwa 400 g)
2 Limetten
2 Tomaten
1 rote Zwiebel
1 rote Chilischote
2 EL Olivenöl
Salz
1 Prise Zucker
200 g frisches Sauerkraut, raumtemperiert
2 Frühlingszwiebeln, in feine Ringe geschnitten

1. Die Teriyakisauce mit dem Meerrettich in einer Schüssel verrühren. Die Filets in der Sauce wenden und auf die Zedernholzplanke legen. Den Fisch mitsamt Brett auf den Grill legen und direkt bei hoher Temperatur erhitzen. Sobald das Brett anfängt zu rauchen, die Temperatur drosseln und den Deckel auflegen. Den Fisch etwa 15 Minuten auf direkter Hitze bei etwa 150 °C garen. Die Limetten halbieren und mit der Schnittfläche grillen, bis sie weich sind, so erwärmt sich der Saft und wird süßlich.

2. In der Zwischenzeit die Tomaten klein würfeln. Die Zwiebel schälen und in feine Streifen schneiden. Die Chilischote in sehr feine Würfel schneiden. Diese Zutaten mit dem Olivenöl in eine Aluschale geben, den Limettensaft darüber ausdrücken und die Mischung mit Salz und einer Prise Zucker abschmecken. Alles gut verrühren und die Schale auf dem Grill warm stellen.

3. Das Sauerkraut gleichmäßig auf vier Teller verteilen, den Fisch zerpflücken – „pullen" –, auf das Kraut geben und die Tomaten-Zwiebel-Salsa darüber verteilen. Mit Frühlingszwiebelringen garnieren und servieren.

GEFLÜGEL

GEFLÜGEL

Als Geflügel bezeichnet man alle Vogelarten, die für den menschlichen Verzehr geeignet sind – sowohl solche, die extra für unsere Ernährung gezüchtet werden, als auch Wildvögel. Die größte Bedeutung haben hierzulande die Hühner- und Gänsearten, die als Hausgeflügel gehalten werden. Dazu zählen auch Puten, Enten und Tauben. Als Wildgeflügel kann man Fasan, Wachtel und Rebhuhn bezeichnen. Auch der Vogel Strauß, der Mitte der 1990er-Jahre von Afrika ausgehend auf den europäischen Speisekarten landete, zählt zum Geflügel.
Die ersten domestizierten Haushühner tauchten vor etwa 8.000 Jahren in Indien auf. Heute gibt es rund 200 Rassen, die wegen ihres Fleischs oder als Legehennen gezüchtet werden. Je nach Alter und Gewicht unterscheidet man Stubenküken, Hähnchen (kann auch weiblich sein) und Poularde. Auch die Fütterung spielt eine große Rolle und ist manchmal sogar ein Verkaufsargument. Bekannte Vertreter sind die Maishähnchen oder die Hafermastgans. Zudem gibt es die Suppenhühner, Legehennen, die aus Altersgründen geschlachtet werden.
Das herkömmliche Hähnchenfleisch aus dem Supermarkt ist bei richtiger Zubereitung zart und saftig, aber geschmacklich nicht mit dem von Tieren aus Freilandhaltung zu vergleichen, da bei diesen durch die Bewegung der Anteil des geschmackvolleren Muskelfleischs größer ist. Geflügelfleisch aus Massentierhaltung wird zwar auch auf Muskelaufbau getrimmt, um den begehrten Brustfleischanteil zu erhöhen. Jedoch führt das in den schlimmsten Fällen zu solchen Auswüchsen, dass die Tiere dieses Gewicht kaum noch tragen können.

GEFLÜGEL ZERLEGEN

Die meisten Geflügelarten unterscheiden sich kaum in ihrer Anatomie, darum ähnelt sich auch die Zerlegung der Tiere in die einzelnen Teile.
Brust: Sie ist der Muskel, der zum Fliegen benötigt wird, und trägt etwa ein Viertel zum Gewicht des Vogels bei. Die Brust besteht aus dem größeren Außenfilet und dem kleineren Innenfilet. Das zarte Brustfleisch ist aufgrund seines geringen Fettgehalts sehr beliebt. Beim Zubereiten ist Vorsicht geboten, da es schnell trocken wird.
Beine, Keule: Das Keulenfleisch ist bei Tieren, die nicht oder nur wenig fliegen können, viel schmackhafter als das Brustfleisch. Durch das Laufen entwickeln sich zahlreiche kleinere Muskeln, die durch feine Fettschichten voneinander getrennt sind. Das Fleisch ist aufgrund seines höheren Myoglobinanteils dunkler. Der untere Teil der Hähnchenkeule ist als Drumstick bekannt.
Flügel: Von der Fleischausbeute her betrachtet spielen die Flügel eine untergeordnete Rolle. Sie sind meist Teil des Geflügelkleins. Hähnchenflügel, Chicken Wings, sind dagegen ein Klassiker vom Grill.
Rücken: Der Fleischanteil des Geflügelrückens ist gering.
Pfaffenschnittchen: Für mich das beste Stück Fleisch vom Geflügel. Es ist auch unter seiner französischen Bezeichnung Sot-l'y-laisse bekannt. Die Pfaffenschnittchen liegen parallel auf Höhe der Keulen neben der Wirbelsäule. Sie sind sehr klein, beim Hähnchen so groß wie ein halber Daumen, schmackhaft und zart.
Bürzel: Er besteht aus Fett und spielt kulinarisch keine Rolle. Vor dem Garen wird er meist entfernt, da er tranig schmecken kann.

Pute oder Truthahn wird in Nordamerika zu Thanksgiving im Ganzen zubereitet. In Europa sind die Vögel meistens zerlegt im Angebot. Weibchen wiegen bis zu 12 kg, ihre männlichen Artgenossen bis 20 kg.
Gans wird traditionell im Backofen zubereitet – obwohl auch das Garen auf dem Grill kein Problem ist. Gänsefleisch ist um einiges fester als das vom Hähnchen und muss länger gegart werden.
Barbarie-Entenbrust vom Grill ist sehr beliebt. Barbarie bezeichnet die aus Südamerika stammende Warzenente. Ihr Fleisch ähnelt in der Konsistenz dem der Gans.

KÜCHENHYGIENE

Geflügelfleisch kann durch Kontamination bei der Schlachtung mit Salmonellen besetzt sein. Zudem verdirbt es

schnell. Deshalb sollte beim Einkauf die Kühlkette streng eingehalten werden.
Tiefgekühltes Geflügel zum Auftauen in ein Sieb legen und austretendes Wasser weggießen. Beim Abspülen von frischem Geflügel unter fließendem Wasser ist Vorsicht geboten: Wasserspritzer können sich mitsamt den darin enthaltenen Bakterien in der Küche verteilen. Das Schneidbrett sowie Messer und Hände nach dem Arbeiten mit Geflügel gründlich reinigen. Da Salmonellen sich nur außen am Fleisch befinden – innen kann das Fleisch nicht kontaminiert sein –, ist es nicht notwendig (wie so oft beschrieben), das Fleisch komplett durchzugaren. Theoretisch ist das Fleisch ab einer Kerntemperatur von 55 °C genießbar. Ich empfehle aus geschmacklichen Gründen eine Kerntemperatur von 60–65 °C – nicht mehr, denn bei noch höheren Temperaturen verliert das Fleisch zu viel Wasser und wird trocken und zäh.

FOIE GRAS

Das Thema Foie gras wird sehr kontrovers diskutiert. Da ich ein Foie-gras-Rezept in diesem Buch habe, möchte ich etwas dazu sagen. Die Foie gras wird bei uns häufig als Gänsestopfleber bezeichnet, was nicht ganz korrekt ist. Der größte Teil der in Frankreich zu Foie gras verarbeiteten Lebern (über 90 %) stammt von Enten. Die Tiere werden gestopft, um eine große, fetthaltige Leber zu bekommen, die als Delikatesse gilt. In einigen Ländern der EU ist diese Mast verboten. Der Handel ist aber erlaubt.
In Frankreich wurde die Foie gras im Jahr 2005 zum nationalen Kulturgut erklärt. In anderen Gegenden werden Verkaufsverbote erlassen, so etwa in Kalifornien im Jahr 2012 oder es werden bestehende Verkaufsverbote wieder aufgehoben wie 2012 in Chicago. Foie gras wird seit über 4.000 Jahren hergestellt. Auf die Idee brachte die Menschen die Natur: Bevor sich die Schwimmvögel auf ihren langen Weg nach Norden bzw. Süden machen, nehmen sie aufgrund ihres natürlichen Fresstriebs so viel Nahrung zu sich, dass sich ihre Leber in Form von Fett auf das Vielfache ausdehnt und somit als Energiereserve zur Verfügung steht. Als ich das erste Mal das Vergnügen hatte, Foie gras zu essen, überwältigte mich ihr Geschmack: cremig, vollmundig, köstlich. Doch ich war verunsichert, da ich viel Negatives darüber gehört hatte, wie die Tiere gemästet werden. Ich recherchierte und befragte Kollegen aus der Gastronomie.

1 Kopf mit Hals und Kamm
2 Keule
3 Flügel
4 Brust

Zudem habe ich mir die Anatomie der Vögel angeschaut: Wasservögel haben keinen Kehlkopf, Luft- und Speiseröhre enden parallel im Schnabel. Die Speiseröhre ist sehr flexibel und dehnbar und führt direkt in den Magen. Die Vögel sind dadurch in der Lage, ganze Fische und sogar Kieselsteine (hilft bei der Verdauung) ohne Schmerzen zu schlucken. Natürlich gibt es bei der Aufzucht und Mast wie überall „schwarze Schafe", und es werden Fehler gemacht. Da sich aber jeder Fehler auf die Qualität des Endprodukts auswirkt, sind gute Züchter stets darauf bedacht, diese zu vermeiden. In der Regel dauert es 14 Wochen, bis eine Ente richtig gemästet ist. Bis auf die letzten zwölf Tage leben die Tiere in Freilandhaltung. Dann werden die Enten in Gruppen bis zu 15 Tieren in Käfigen gehalten und täglich zweimal für 5 Sekunden mit Maisbrei gestopft.
Mittlerweile gibt es in Ungarn Züchter, die sich den Fresstrieb der Schwimmvögel vor ihren weiten Flügen zu Nutze machen, indem sie durch Licht und Temperatursteuerung in den Ställen eine herbstliche Stimmung simulieren. Die Foie gras dieser Tiere erreicht ihre Größe einzig durch Fütterung mit Getreide und eiweißreicher Kost. Diese Leber ist qualitativ hochwertig und sehr wohlschmeckend, aber mit 400 g im Vergleich zur Stopfleber, die bis zu 700 g wiegt, um einiges kleiner. Ihr Gewebe ist etwas dichter, und sie verliert beim Erhitzen nicht so schnell ihr Fett, darum ziehe ich diese beim Grillen vor. Die Saison für dieses Produkt geht von September bis Mai.
Jeder von uns sollte sich seine eigenen Gedanken dazu machen und sein Verhalten überdenken – spätestens, wenn sich alltäglich Fleisch aus Massentierhaltung bei ihm auf dem Teller befindet. Ich selbst esse gern, aber selten Foie gras. Sie ist für mich in den verschiedensten Zubereitungsarten immer wieder ein kulinarisches Highlight.

PIRI-PIRI-HÄHNCHEN

FÜR 4 PERSONEN ALS HAUPTSPEISE
ZUBEREITUNG: 30 MINUTEN
MARINIEREN: 2 STUNDEN
SCHWIERIGKEIT: ✪✪✪

1 großes Freilandhuhn vom Bauernhof (1,6–1,8 kg)
2 frische rote Chilischoten
3 Knoblauchzehen
1 Zitrone
1 TL edelsüßes Paprikapulver
1 TL Ingwerpulver
100 ml Olivenöl
2 frische Lorbeerblätter
4 Zweige frischer Oregano
1 TL Meersalz

1. Das Freilandhuhn mit einem scharfen Messer in Teilstücke zerlegen: Die Keulen abtrennen, dann die Brust samt Flügel vom Brustbein lösen. Die Hähnchenteile in eine große Schüssel geben.

2. Für die Marinade die Chilischoten entkernen und in Ringe schneiden. Die Knoblauchzehen schälen und in Scheiben schneiden. Knoblauch und Chili in einen Mixer geben. Den Saft der Zitrone auspressen und dazugeben. Das Paprikapulver, das Ingwerpulver, das Olivenöl, die Lorbeerblätter, den Oregano und das Meersalz zugeben. Das Gemisch fein durchmixen. Die Hähnchenstücke in eine Schüssel geben und die Marinade darübergießen. Alles gut durchmengen und die Schüssel für mindestens 2 Stunden in den Kühlschrank stellen.

3. Den Grill auf eine Temperatur von 200 °C vorheizen. Die marinierten Hähnchenteile aus der Marinade nehmen und 15–20 Minuten grillen. Dabei alle 4 Minuten mit der Marinade bestreichen. Dazu passt ein Tomatensalat mit Zwiebeln.

HÄHNCHEN »AL MATTONE«

FÜR 4 PERSONEN ALS HAUPTSPEISE
ZUBEREITUNG: 75 MINUTEN
MARINIEREN: 4 STUNDEN
SCHWIERIGKEIT: ✪✪✪

Für das Hähnchen

1 Bio-Hähnchen (ca. 1,5 kg)
Olivenöl zum Bestreichen
1 unbehandelte Zitrone
3 getrocknete rote Chilischoten, fein gehackt
6 frische Rosmarinnadeln, fein gehackt
½ Knolle Knoblauch
3 TL Fleur de Sel

Für die Salbeibutter

125 g Butter
10 frische Salbeiblätter, fein gehackt
Salz
frisch gemahlener schwarzer Pfeffer

1. Das Hähnchen mit einer Geflügelschere entlang des Rückgrats aufschneiden und zu einem Schmetterling aufklappen. Das Hähnchen von allen Seiten großzügig mit Olivenöl bestreichen. Die Zitrone heiß waschen, trocknen, die Schale abreiben und den Saft auspressen. Den Abrieb und den Saft mit dem Chili und dem Rosmarin vermischen. Den Knoblauch schälen, fein hacken und unterrühren. Das Hähnchen rundherum mit dieser Kräuter-Knoblauch-Marinade einreiben, anschließend mit Fleur de Sel bestreuen. Das Hähnchen mindestens 4 Stunden im Kühlschrank ruhen lassen.
2. Den Grill mit einem Rost aus Gusseisen auf eine mittlere Temperatur (180 °C) aufheizen. In der Zwischenzeit einen großen Backstein in eine doppelte Lage Aluminiumfolie wickeln. Das Hähnchen aus der Marinade nehmen, flach drücken, mit der Hautseite auf den Grill legen, mit dem Backstein beschweren und 25 Minuten grillen, bis die Haut goldbraun und knusprig ist. Das Hähnchen hin und wieder »kippen«, damit möglichst die gesamte Haut gegrillt wird. Das Hähnchen dann wenden, wieder mit dem Backstein beschweren und weitere 20–25 Minuten grillen.
3. Kurz vor dem Servieren die Butter mit dem fein gehackten Salbei in einer Pfanne aufschäumen lassen. Die Salbeibutter mit Salz und frisch gemahlenem Pfeffer würzen. Das gegrillte Hähnchen auf eine Servierplatte legen, mit etwas Salbeibutter beträufeln und sofort servieren.

BUFFALO WINGS

FÜR 6–8 PERSONEN
ZUBEREITUNG: 170 MINUTEN
SCHWIERIGKEIT: ✪✪✪

1,8 kg Hühnchenflügel, Spitzen entfernt, am Gelenk halbiert
60 g Hot-and-spicy-Gewürz

Für die Sauce

1 EL Pflanzenöl
1 kleine Zwiebel, fein gewürfelt
2–3 Scotch-Bonnet-Chili (Schottenmütze), entkernt, gehackt
2 Frühlingszwiebeln, in dünne Scheiben geschnitten
125 ml Honig
1 EL Worcestersauce
1 EL frischer, gehackter Koriander
Salz
frisch gemahlener schwarzer Pfeffer nach Belieben

Für den Dip

250 g Mayonnaise
250 g saure Sahne, 10 % Fettgehalt
2 EL Zitronensaft
250 g zerbröckelter Blauschimmelkäse
2 TL Worcestersauce
½ TL Salz
2 Frühlingszwiebeln, fein gehackt
frisch gemahlener schwarzer Pfeffer nach Belieben

1. Die Flügel in kaltem Wasser abspülen und mit Küchenpapier trocken tupfen. In eine große Schüssel geben, mit Hot-and-spicy-Gewürz einreiben und 2 Stunden in den Kühlschrank stellen.

2. Für die Sauce die Zwiebel, Chili und Frühlingszwiebeln 3–5 Minuten in einer gusseisernen Pfanne im Öl anbraten. Den Honig und die Worcestersauce hinzufügen, gemeinsam zum Kochen bringen. Die Hitze reduzieren und 5 Minuten köcheln lassen. Unter Rühren mit Koriander, Salz und Pfeffer abschmecken.

3. Die Wings 20–25 Minuten in einem Rotisserie Tumble Basket am Backburner grillen oder auf den Grillrost legen und indirekt unter mehrmaligem Wenden grillen.

4. Die Dipzutaten mit 60 ml kaltem Wasser mischen und mit einer Küchenmaschine zerkleinern. Den Dip zu den Wings reichen.

HÄHNCHEN-KEBAB MIT RAS EL-HANOUT

FÜR 4 PERSONEN ALS HAUPTSPEISE
ZUBEREITUNG: 50–60 MINUTEN
MARINIEREN: 1 STUNDE
SCHWIERIGKEIT: ✪✪✪

1 kg Hähnchenkeulen
½ TL Kreuzkümmelsamen
½ TL Koriandersamen
½ TL schwarze Pfefferkörner
½ TL gemahlener Zimt
½ TL gemahlener Kurkuma
½ TL Laos (gemahlene Galgantwurzel)
½ TL scharfes Paprikapulver
2 EL Salz
je nach Geschmack: gemahlener Ingwer, gemahlener Kardamom, geriebene Muskatnuss, gemahlene Gewürznelken, Cayennepfeffer, Knoblauchpulver

1. Die Kreuzkümmelsamen, die Koriandersamen und die Pfefferkörner in einer trockenen Pfanne (ohne Fettzugabe) anrösten, bis sie duften. Den gemahlenen Zimt, den gemahlenen Kurkuma, das Laos und das Paprikapulver zugeben und kurz anrösten. Die geröstete Gewürzmischung in einen Mörser füllen und zerstoßen. Das Salz zugeben. Die Gewürzmischung je nach Geschmack mit gemahlenem Ingwer, gemahlenem Kardamom, geriebener Muskatnuss, gemahlenen Gewürznelken, Cayennepfeffer und Knoblauchpulver abschmecken. Das Hähnchenfleisch von den Knochen lösen und in Stücke schneiden. Das Fleisch mit der vorbereiteten Rasel-Hanout-Mischung würzen und 1 Stunde marinieren.

2. Den Grill auf eine Temperatur von 180 °C vorheizen. Die Fleischstücke auf Spieße stecken und diese Kebab-Spieße 10–14 Minuten gar grillen, dabei alle 4 Minuten wenden.

HÄHNCHENSTICKS IM CRUNCHMANTEL MIT ZUCKERWATTE

FÜR 8 PERSONEN
ALS VORSPEISE
ZUBEREITUNG: 30 MINUTEN
SCHWIERIGKEIT: ✪✪✪

Zuckerwattemaschine
(gibt's gebraucht im Internet manchmal sehr günstig),
8 Holzspieße

2 Hähnchenbrustfilets
200 ml BBQ-Sauce
1 EL Zitronensaft
200 g Tortillachips
50 g Zucker

1. Jedes Hähnchenbrustfilet in vier gleich große Streifen schneiden und jeden Streifen längs auf einen Holzspieß stecken. Das Fleisch direkt unter mehrmaligem Wenden 10–15 Minuten grillen, dabei aufpassen, dass die Holzspieße dort, wo sie aus dem Fleisch herausragen, nicht verbrennen – am besten Alufolie unter die Enden der Spieße legen.

2. Die BBQ-Sauce mit dem Zitronensaft verrühren und in einer Aluschale auf dem Grill erwärmen. Die Zuckerwattemaschine vorheizen. Die Tortillachips fein zerbröseln.

3. Die gegrillten Spieße in die warme BBQ-Sauce tauchen, abtropfen lassen und mit den Tortillabröseln ringsum bestreuen.

4. 1 EL Zucker in die Zuckerwattemaschine geben. Dort wird er auf seinen Schmelzpunkt von 150 °C erhitzt und dann durch die Zentrifugalkraft in Fäden herausgeschleudert. Die Zuckerfäden unter ständigem Drehen um den Hähnchenspieß wickeln, bis sich ein schöner Flaum Watte gebildet hat. 1 EL Zucker reicht für etwa vier Spieße. Wenn keine Fäden mehr kommen, erneut Zucker in die Maschine geben.

PICADILLO-HÄHNCHEN

FÜR 4 PERSONEN ALS HAUPTGERICHT
ZUBEREITUNG: 45 MINUTEN
SCHWIERIGKEIT: ✪✪✪

Für die Gewürzmischung

3 TL gemahlene Koriandersamen
3 TL gemahlener Kreuzkümmel
3 TL Annattopulver (gemahlene Samen des Orleansstrauchs)
3 TL Knoblauchpulver
2 TL getrockneter Oregano
1 ½ TL schwarzer Pfeffer
1 ½ TL Salz

Für das Fleisch

4 ganze küchenfertige Hähnchenkeulen à 250 g
Olivenöl
1 kleine Zwiebel, in feine Würfel geschnitten
1 grüne Paprikaschote, geröstet und in feine Würfel geschnitten
2 Knoblauchzehen, gepresst
1 Dose passierte Tomaten (400 g)
1 kleine Dose Tomatenmark (70 g)
70 ml trockener Weißwein
4 EL eingelegte grüne Oliven (mit Paprikapaste gefüllt), in Scheiben geschnitten
1 Handvoll Rosinen
Salz

1. Alle Zutaten für die Gewürzmischung in eine Schüssel geben und vermengen. Die Hähnchenkeulen mit etwas Olivenöl bepinseln und mit der Hälfte der Gewürzmischung einreiben. Die Hähnchenkeulen bei mittlerer Hitze (180 °C) 12– 15 Minuten pro Seite grillen.

2. In der Zwischenzeit 3 EL Olivenöl bei mittlerer Hitze in einer großen Pfanne (»Skillet«) auf dem Grillrost oder auf dem Seitenbrenner erhitzen. Die Zwiebeln, die Paprika und den Knoblauch zugeben und anschwitzen, bis die Zwiebeln glasig sind. Dann den Rest der Gewürzmischung hinzufügen.

3. Die passierten Tomaten, das Tomatenmark, den Weißwein, die Oliven und die Rosinen zugeben und 15 Minuten mitköcheln lassen. Die Sauce je nach Geschmack mit Salz abschmecken. Die Hähnchenkeulen anrichten und die Sauce darübergeben. Mit weißem Reis, schwarzen Bohnen und Kochbanane servieren.

BEER CAN CHICKEN

FÜR 4 PERSONEN ALS HAUPTGERICHT
ZUBEREITUNG: 70 MINUTEN
MARINIEREN: 18 STUNDEN
SCHWIERIGKEIT: ✪✪✪

1 Bressehuhn
Salz, frisch gemahlener Pfeffer
1 Dose Bier

Für die Brine

1 l Wasser
125 g Salz
125 g Zucker

Für die Marinade

1 Zwiebel, gehackt
150 g Schalotten, gehackt
2 Zehen Knoblauch, fein gehackt
½ TL gerebelter Thymian
1 ½ TL Salz
1 ½ TL gemahlenes Piment
½ TL Zimt
60 g Jalapeños, gehackt
1 TL frisch gemahlener schwarzer Pfeffer
3 Tropfen »Scharf wie die Sau«-Sauce vom Grillsportverein
2 EL Sojasauce
250 ml Sonnenblumenöl
¼ TL frisch geriebene Muskatnuss

1. Das Huhn waschen und von den Innereien befreien. In einer großen Schüssel für die Brine mit 1 l Wasser das Salz und den Zucker auflösen. Das Huhn mindestens 18 Stunden in die Brine einlegen, dadurch wird das Fleisch noch zarter.

2. Danach das Fleisch trocken tupfen und auf die fast gefüllte Bierdose oder den Napoleon-Hühnersitz setzen. Die Hühnerfüße mit Alufolie einwickeln, den offenen Halsansatz mit einem Faden oder Zahnstocher fixieren und leicht mit Salz und Pfeffer bestreuen.

3. Für die Marinade alle Zutaten miteinander vermengen.

4. Das Hühnchen nun indirekt insgesamt etwa 45 Minuten bis zu einer Kerntemperatur von 75 °C grillen. Nach etwa 20 Minuten mehrmals mit einem Napoleon-Silikongrillpinsel mit der Marinade bestreichen.

5. Wer sein Huhn nicht so scharf haben möchte, verwendet weniger Jalapeños und weniger »Scharf wie die Sau«-Sauce. Statt der Bierdose oder des Hühnersitzes kann auch ein Spießgrill eingesetzt werden.

COQ AU VIN

FÜR 4 PERSONEN ALS HAUPTSPEISE
ZUBEREITUNG: 1 STUNDE 45 MINUTEN
MARINIEREN: 12 STUNDEN
SCHWIERIGKEIT: ✪✪✪

1 küchenfertiges Freilandhuhn vom Bauernhof (etwa 1,5 kg)
½ Bund Thymian
½ Bund Rosmarin
4 Lorbeerblätter
3 Schalotten, geschält
3 Knoblauchzehen, geschält
750 ml trockener Rotwein
1 EL edelsüßes Paprikapulver
½ EL Curry-Gewürzmischung
1 EL Zucker
Salz
200 g Frühstücksspeck, in feine Scheiben geschnitten
250 g kleine ungeschälte Grenaille-Kartoffeln, vorgegart
frisch gemahlener Pfeffer
100 g frische Champignons
Olivenöl

1. Das Hähnchen waschen, trocknen und in eine große Form legen. Die Thymianzweige, die Rosmarinzweige, die Lorbeerblätter, die fein gewürfelten Schalotten und die in Scheiben geschnittenen Knoblauchzehen dazugeben. Den Rotwein darübergießen. Das Hähnchen soll vollständig mit dem Wein bedeckt sein. Die Form mit einem Deckel verschließen und über Nacht in den Kühlschrank stellen.

2. Am nächsten Tag das Hähnchen aus der Marinade nehmen. Die Hälfte der Marinade in eine Weißblechdose füllen, zum Beispiel eine Bierdose.

3. Den Grill rechtzeitig auf eine Temperatur von 180 °C erhitzen. Das Paprikapulver, die Curry-Gewürzmischung, den Zucker und 1 Prise Salz vermengen und das Hähnchen damit einreiben. Das Hähnchen rundherum mit den Frühstücksspeck-Scheiben umwickeln und anschließend mit der Öffnung über die Dose stellen. Das Hähnchen mit der Dose auf den Grill stellen und das Hähnchen bei indirekter Hitze unter geschlossenem Grilldeckel 70–75 Minuten garen. Dann vom Grill nehmen.

4. Die vorgegarten Grenaille-Kartoffeln auf den Grill legen und rundherum rösten, anschließend salzen. Das gare Hähnchen von der Dose nehmen und 10 Minuten in einer Aluminiumschale ruhen lassen. Die Weinsauce mit Salz und frisch gemahlenem Pfeffer abschmecken. Während das Fleisch ruht, die Champignons halbieren, mit Olivenöl beträufeln und 5 Minuten bei einer Temperatur von 200 °C grillen. Mit frisch gemahlenem Pfeffer und Salz würzen. Das Hähnchen tranchieren und mit den gegrillten Grenaille-Kartoffeln, den gegrillten Champignons und etwas Weinsauce servieren.

Ralph de Kok

»Ich freue mich jeden Tag darüber,
das machen zu können, was ich
am liebsten tue:
unter freiem Himmel kochen,
grillen, Menschen begeistern
und inspirieren.«

Ralph de Kok hat zwei Leidenschaften: die Musik und das Grillen. Als Musiker tourte er viele Jahre als Gitarrist einer Band durch die Welt. Als Fleischliebhaber und Grillexperte ist er ein wahrer Meister am Grill. Heute ist der Niederländer ein gefragter TV-Koch sowie Grill- und BBQ-Lehrer.

STER & BBQ SPECIALIST BY RALPH DE KOK

ESTRAGON-HÄHNCHEN MIT KÜRBIS

FÜR 4 PERSONEN ALS HAUPTGERICHT
ZUBEREITUNG: 1 STUNDE
MARINIEREN UND WÄSSERN: 9 STUNDEN
TROCKNEN: 12 STUNDEN
SCHWIERIGKEIT: ✪✪✪

1 Hähnchen
1 Butternusskürbis
Salz
1 Prise frisch geriebene Muskatnuss

Für die Würzmischung

Saft und Schale von
1 unbehandelten Zitrone
1 EL Estragon, fein geschnitten
100 g weiche Butter
1 TL Paprikapulver, edelsüß
1 Prise Zucker
Salz, frisch gemahlener Pfeffer

Außerdem

2 l achtprozentige Salzlake

1. Das Hähnchen auf den Bauch legen, mit einer Geflügelschere beidseits des Rückgrats aufschneiden und das Rückgrat entfernen. Das Tier mit Druck spreizen und das Brustbein entfernen. Das Hähnchen für etwa 8 Stunden (nicht länger!) in die Salzlake legen. Diesen Vorgang nennt man Brining. Anschließend das Fleisch 1 Stunde in kaltem Wasser wässern, dabei das Wasser zweimal wechseln.

2. Das Hähnchen aus dem Wasser nehmen. Die Flügelspitzen und überstehende Haut entfernen. Das Hähnchen abwechselnd jeweils zweimal für 40 Sekunden in kochendes und für 2 Minuten in Eiswasser legen. Dann vorsichtig mit den Händen unter die Geflügelhaut fahren und diese so weit wie möglich vom Fleisch lösen, ohne sie zu beschädigen.

3. Das Hähnchen abtupfen, auf einen Gitterrost legen, mit Küchenpapier abdecken und über Nacht kalt stellen, damit die Haut komplett abtrocknet.

4. Am nächsten Tag das Gabelbein – das Halsende des Vogels – entfernen. Alle Zutaten für die Würzmischung verrühren. Die Würzmischung unter die gelöste Haut des Hähnchens schieben und mit einem Löffelstiel verteilen, den Rest warm stellen. Den Vogel für etwa 30 Minuten bei 150 °C mit der Hautseite nach oben indirekt auf den Grill legen, bis das Brustfleisch eine Kerntemperatur von 60 °C hat. Dann die Temperatur auf mindestens auf 200 °C erhöhen und 5–10 Minuten weitergrillen, bis die Haut knusprig ist. Während des Grillens mit der Würzmischung bestreichen.

5. Inzwischen den Kürbis schälen, halbieren, von den Kernen und Fasern befreien und in 2 cm dicke Scheiben schneiden. Mit etwas Salz und einer Prise Muskatnuss würzen. Den Kürbis indirekt grillen und während des Garens ebenfalls mit der Würzmischung bestreichen.

GEKRÄUTERTE PUTENBRUST

FÜR 4 PERSONEN ALS HAUPTGERICHT
ZUBEREITUNG: 2 STUNDEN
MARINIEREN: 12 STUNDEN
SCHWIERIGKEIT: ✪✪✪

1 kg Putenbrust
2 TL Adi Matzeks Geflügelgewürz oder Kräuter nach Belieben
1 TL Adi Matzeks Fischgrillgewürz oder Kräuter nach Belieben
½ TL feines Meersalz
30 ml Olivenöl

1. Das Putenbrustfleisch teilen, wo es sich natürlich trennt, sodass sich ein größeres und ein kleineres Stück ergibt. Sichtbare Sehnenansätze bis einige Zentimeter ins Fleisch hinein entfernen.

2. Die Putenbruststücke mit den Gewürzen trocken einreiben und mit etwas Olivenöl übergießen. Alles einmassieren und über Nacht kalt stellen.

3. Am folgenden Tag vor dem Grillen noch einen halben Teelöffel feines Meersalz über die Putenbrust geben. Die Bruststücke sollten unbedingt einige Stunden vor dem Grillvorgang aus dem Kühlschrank genommen werden, damit sie Raumtemperatur annehmen können.

4. Den Apollo-Smoker mit Holzkohlebriketts auf 120–130 °C vorheizen. Die Kohle auf dem Kohlerost an die rückwärtige Wand platzieren und die Putenbrust vorne auf den obersten Ring legen. Damit die Putenbrust nicht austrocknet, kann auf den unteren Ring eine Aluschale mit etwas Wein oder Wasser gestellt werden. Es reicht aber aus, wenn der Boden der Schale leicht bedeckt ist. Wood Chips erzielen während des Garvorgangs ein leichtes, aber sehr angenehmes Raucharoma.

5. Das Fleisch im Apollo-Smoker bei 120–130 °C etwa 1,5 Stunden garen. Die Kerntemperatur sollte 60–63 °C betragen.

RIND & KALB

RINDFLEISCH

Das Rind ist neben dem Schwein das erste Tier, das der Mensch domestiziert hat, damit es ihn als Arbeitstier sowie als Fleisch- und Milchlieferant begleitet.

Heute hat das Rind bei uns seine Bedeutung als Arbeitstier verloren und dient fast ausschließlich als Fleisch- und Milchlieferant. Dabei setzt man vermehrt auf Rassen, die aufgrund ihrer Genetik zur Fleischproduktion geeignet sind. Dazu zählen Black Angus, Hereford, Limousin, Charolais, Simmentaler, Wagyū und der Weißblaue Belgier, um nur einige zu nennen. Das Chianina-Rind, die größte Rinderrasse der Welt, ist ein typisches Beispiel, wie sich aus einem Arbeitsrind über die Jahre eine reine Fleischrasse entwickelt hat. Sein Porterhouse-Steak ist bekannt als Bistecca alla fiorentina.

WORAN ERKENNE ICH EIN GUTES STÜCK FLEISCH?

Ich werde oft gefragt, was ein gutes Stück Rindfleisch ausmacht. Da gibt es wichtige Kriterien:

1. Die Genetik: Sie bestimmt, ob das Rind eher zur Fleischproduktion oder als Milchlieferant geeignet ist. Der Anteil der Muskelmasse und die Veranlagung zum Einlagern von intramuskulärem Fett sind genetisch festgelegt.

2. Die Fütterung: Das Futter des Tiers schlägt sich im Fleisch nieder. Über Geschmack lässt sich zwar streiten, aber wichtig ist eine artgerechte Fütterung und dass das natürliche Fressverhalten des Tiers unterstützt wird. Aus wirtschaftlichen Gründen entscheiden sich viele Züchter zur Intensivmast, verbunden mit eingeschränkter Bewegungsfreiheit für die Tiere. Gute Züchter mästen nur wenige Tage vor der Schlachtung.

3. Das Schlachtalter: Es ist für die Züchter von hoher wirtschaftlicher Bedeutung: Ein Tier, das früh geschlachtet wird, bringt schnell Geld, muss nicht mehr gefüttert werden und räumt seinen Platz im Stall. Jedoch ist für die Fleischqualität wichtig, wie zart und marmoriert das Fleisch ist. Dafür muss das Tier mindestens zwei Jahre alt sein. Zudem wissen Fleischkenner: Jungtiere haben nicht den Fleischgeschmack ausgewachsener Rinder. Das ist der Zwiespalt zwischen wirtschaftlichen Interessen und Geschmack.

4. Das Geschlecht: Ich ziehe eine Färse (eine Kuh, die noch nicht gekalbt hat) einem Jungbullen gleichen Alters vor. Die Färse lagert mehr intramuskuläres Fett ein als der Bulle.

5. Die Reifung: Nach der Schlachtung muss das Fleisch abhängen, damit Enzyme die Eiweißstruktur aufbrechen und das Fleisch zarter und aromatischer wird. Ideal sind 30 Tage, mindestens aber 21.
Aus wirtschaftlichen Gründen ist diese Zeit aber häufig kürzer, denn Fleisch, das am Haken hängt, bringt kein Geld. Im Gegenteil: Es verliert Wasser und somit Gewicht (siehe Seite 12, Dry Aging/Wet Aging).

6. Die Weiterverarbeitung: Ideal wäre es, das Fleisch am Punkt der perfekten Reifung sofort zu verzehren. Dies ist leider selten praktizierbar. Also wird das Fleisch schockgefrostet, damit es sein Reifestadium beibehält. Oder es wird vor der optimalen Reifung vakuumiert und eingelagert. Das Fleisch reift dann im Vakuumbeutel langsam weiter. Bis weit in die 1950er-Jahre war es üblich, dass das Fleisch in der Fleischerei abgehangen wurde und dann meist am Stück über die Ladentheke ging. Ende der 50er-Jahre setzte sich das Vakuumierverfahren durch und brachte viele Vorteile für die Lagerung.

HILFREICHE TIPPS FÜR DEN EINKAUF

Nun weiß ich dies alles, aber wenn ich im Lebensmitteleinzelhandel an der Fleischtheke oder vorm Kühlregal stehe, steht dort nichts von Genetik, Fütterung und Schlachtalter. Wenn man Glück hat, kann man noch die Rasse und das Geschlecht erkennen. Oder es ist ein QR-Code auf der Verpackung. Wenn ich den mit dem Smartphone einscanne, verrät mir das Internet, wo das Fleisch herkommt, welche grünen Wiesen das Rind aus dem Stallfenster gesehen hat und ob der Bauer in der 4. Klasse sitzengeblieben ist – Spaß beiseite, dafür ist das Thema zu ernst.

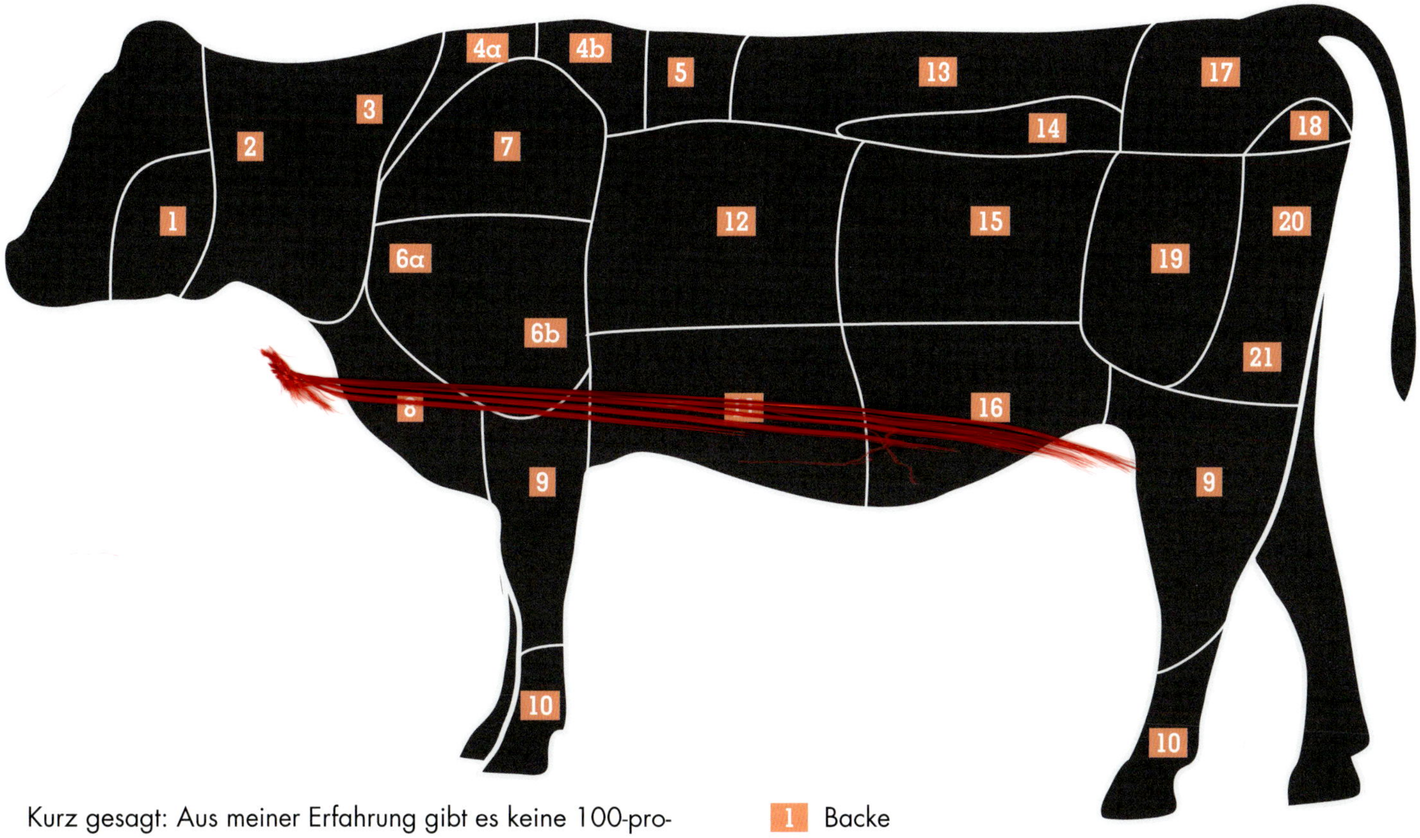

Kurz gesagt: Aus meiner Erfahrung gibt es keine 100-prozentige Geschmacksgarantie, sondern immer nur eine Empfehlung. Denn angeboten wird das Fleisch von Tieren der verschiedensten Rassen, die unter unterschiedlichen Zuchtmethoden und Fütterungen aufgewachsen sind. Also: »Suchen Sie sich eine Fleischerei, bei der Sie schon beim Betreten des Ladens ein gutes Gefühl haben. Die Fleischtheke sollte gut sortiert sein, und das Verkaufspersonal sollte Kompetenz ausstrahlen. Dort können Sie fragen, von welcher Rinderrasse das Fleisch stammt, und wo es herkommt. War es ein Jungbulle oder eine Färse? Dann schauen Sie sich das Fleisch an: Marmorierung, Fettabdeckung und Farbe. Und zum Schluss hilft dann nur: Kaufen Sie ein Stück, bereiten Sie es auf dem Grill optimal zu und probieren Sie es.«

Allen professionellen Fleischeinkäufern empfehle ich, mit den Lieferanten im Gespräch zu bleiben und sich stets über die aktuelle Marktsituation auf dem Laufenden zu halten. Ganz wichtig ist der Erfahrungsaustausch mit Kollegen. Denn letztendlich entscheidet das, was auf dem Teller liegt, ob der Gast wiederkommt.

Die Tierschemata und -schnitte sind auf die Bedürfnisse und Rezepte in diesem Buch abgestimmt. Vermeintlich fehlende Bezeichnungen wurden aus Gründen der Übersichtlichkeit weggelassen.

1 Backe
2 Nacken
3 Kamm, Halsgrat
4a Fehlrippe
4b Hohe Rippe
5 Hochrippe
6a Falsches Filet
6b Dickes Bugstück
7 Schulter
8 Brust
9 Hesse/Wade
10 Fuß
11 Brustkern
12 Querrippe
13 Roastbeef
14 Filet
15 Rippe/Lappen
16 Bauchlappen
17 Steakhüfte
18 Tafelspitz
19 Kugel/Nuss/Bürgermeisterstück
20 Oberschale
21 Unterschale, Schwanzschale

»VITELLO TONNATO 2.0«

FÜR 6 PERSONEN ALS VORSPEISE
ZUBEREITUNG: 1,5 STUNDEN
SCHWIERIGKEIT: ✪✪✪

Für das Fleisch

1 kg Kalbfleisch aus der Hüfte (Schlussbraten, ersatzweise Kalbsnuss)
etwas gemahlener Piment
500 g frischer Thunfisch
Olivenöl
100 g gemischte Sesamsaat
Salzflocken

Für die Thunfisch-Mayonnaise

2 Dosen Thunfischfilets (à 160 g)
5 Anchovis-Filets, abgetropft
Saft von ½ Zitrone
4 EL Kapern
200 g Mayonnaise
frisch gemahlener Pfeffer
Salz

Für die Tomaten

250 g gelbe und rote Kirschtomaten
100 ml heller Sushi-Essig
¼ frische rote Chilischote
1 Scheibe frischer Ingwer
Für die Wasabi-Mayonnaise
25–30 g Wasabi-Paste (aus der Tube)
6–7 EL Mayonnaise

Zum Garnieren

Borretsch-Kresse, Affila-Kresse
8 Kapernäpfel

1. Den Grill auf 100 °C erhitzen. Einen Rost aus rostfreiem Stahl auflegen. Das Kalbfleisch mit etwas gemahlenem Piment einreiben, dann 50–60 Minuten unter geschlossenem Grilldeckel garen, bis es eine Kerntemperatur von 52 °C erreicht hat.

2. In der Zwischenzeit für die Thunfisch-Mayonnaise den Inhalt der beiden Thunfischdosen in einen Standmixer geben. Die Anchovis-Filets, den Zitronensaft, die Kapern und die Mayonnaise zugeben. Alles mit der Intervall-Funktion kurz durchmixen. Die grob gemixte Thunfischmayonnaise mit frisch gemahlenem Pfeffer und Salz abschmecken.

3. Die Kirschtomaten halbieren oder je nach Größe vierteln. Den Sushi-Essig mit der klein geschnittenen Chilischote und dem Ingwer verrühren, dann über die Tomaten gießen und marinieren lassen. Für die Wasabi-Mayonnaise die Wasabi-Paste mit der Mayonnaise verrühren und in einen Kunststoff-Spritzbeutel füllen.

4. Das Kalbfleisch vom Grill nehmen und ruhen lassen. Den Grill auf höchste Temperatur erhitzen. Das Kalbfleisch in hauchdünne Scheiben schneiden und auf einer Servierplatte oder auf großen Tellern rosettenförmig anrichten. Die Thunfisch-Mayonnaise in Tropfen auf die Kalbfleischscheiben spritzen. Den Thunfisch in Balken von 4 cm Kantenlänge schneiden. Diese Thunfischbalken auf einem sehr heißen Rost rundherum kurz und scharf grillen. (Der Thunfisch darf nicht durchgebraten werden, er bleibt roh.) Den scharf angegrillten Thunfisch vom Grill nehmen, rundherum mit Olivenöl bepinseln und in reichlich Sesamsamen wälzen. Den Thunfisch quer in dünne Scheiben schneiden und mit Salzflocken bestreuen.

5. Die Thunfischscheiben auf den Kalbfleischscheiben verteilen und kleine Tupfen Wasabi-Mayonnaise daraufspritzen. In die Zwischenräume die halbierten Kapernäpfel und die abgetropften, marinierten Kirschtomaten geben. Zum Schluss mit etwas Borretsch- und Affila-Kresse garnieren.

THE GOAT

Ein Burger mit viel Geschmack und grober Textur. Diesen Burger isst man an einem kalten, regnerischen Tag zu einem Glas Rotwein. Mit anderen Worten, ein richtig strammer Burger für hungrige Menschen.

Das Brot
Das »Kampioentje«-Brötchen ist ein eher festes Mehrkornbrötchen mit Sauerteig, Sonnenblumenkernen, Sesamsamen und Gewürzen. Ein knuspriger Geschmacksverbesserer, der jeden Hunger stillen kann.

Der Salat
Für das Grün auf diesem Burger verwenden Sie Spinat. Spinat ist frisch, knackig und leicht bitter. Eine schöne Kombination mit dem scharfen Ziegenkäse. Um den Geschmack des Spinats zu intensivieren, fügen wir sonnengetrocknete Kirschtomaten hinzu, die in Kräutern mariniert wurden. Zum Schluss diesen Beinahe-Salat mit einem Schuss süßem Balsamico-Essig abrunden.

Das Burger-Patty
Ein köstlicher, fingerdicker, knusprig gebratener Burger aus Rindfleisch macht sich gut auf diesem Burger. Für das Patty am besten Rinderhack mit 20 Prozent Fettgehalt verwenden. Das Pattie mit der Hand auf einem Stück Backpapier formen und wenige Minuten auf Ihrer Grillfläche garen. Anschließend mit etwas Pyramiden-Meersalz bestreuen.

Der Käse
Ziegenkäse auf Ihrem Burger wird den Geschmack sicherlich bestimmen. Deshalb ist es wichtig, dass Sie einen Ziegenkäse nehmen, der herrlich weich und cremig ist. Kaufen Sie einen speziellen Ziegenkäse wie beispielsweise Ziegenkäse-Camembert.
Das Burger-Patty grillen und dann den Ziegenkäse darauflegen, zudecken und langsam mitschmelzen lassen, während Sie Ihren Burger zusammensetzen.

Das Topping
Um diesem herzhaften Burger eine süße Note zu verleihen, beträufeln Sie ihn mit etwas Honig. Und für einen guten Crunch noch ein paar Walnüsse darüberstreuen.

Zubereitung

1. Burger-Patty formen und grillen.

2. Den Ziegenkäse auf den Burger legen, zudecken und leicht schmelzen lassen.

3. Den Burger zusammensetzen: Brötchen halbieren und darauf die marinierten Spinatblätter und sonnengetrocknete Kirschtomaten geben. Das Burger-Patty mit dem geschmolzenen Ziegenkäse daraufsetzen. Dann mit etwas Honig beträufeln und mit ein paar Walnusskernen bestreuen. Die zweite Brötchenhälfte als Deckel darauflegen.

COWBOYSTEAK

FÜR 2–4 PERSONEN
GRILLZEIT: 8–12 MINUTEN JE SEITE

2 Rippensteaks mit Knochen à 750 g, 5–7,5 cm dick geschnitten
60 g Napoleon-BBQ-Gewürz Rind
60 g Knoblauch, auf dem Grill geröstet
2 EL Butter
1 mittelgroße Zwiebel, halbiert, in dünne Scheiben geschnitten
3 Tassen braune Pilze (z. B. Shiitake)
2 EL Balsamicoessig
1 EL frisches Basilikum, gehackt und etwas mehr Blätter zum Garnieren
Salz
frisch gemahlener schwarzer Pfeffer
220 g Gorgonzola

1. Die Steaks mit dem Napoleon-BBQ-Gewürz und dem in einer gusseisernen Pfanne gerösteten Knoblauch gut einreiben. Die Steaks dann bei Raumtemperatur in einem geschlossenen Behälter mindestens 30 Minuten marinieren. Den Grill auf mittlere bis hohe Temperatur vorheizen.

2. In einer Pfanne oder im Wok die Butter auf dem Seitenbrenner zerlassen und die Zwiebeln 2–3 Minuten braten, bis sie weich und glasig sind. Die Pilze dazugeben und 8–10 Minuten unter gelegentlichem Rühren grillen, bis sie weich sind.

3. Nun Essig, gehacktes Basilikum und den Rest des Knoblauchs einrühren, bis der Essig absorbiert worden ist, und mit Salz und Pfeffer abschmecken. Alles warm halten, bis die Steaks gegrillt sind.

4. Die Steaks für die Garstufe medium 8–12 Minuten pro Seite oder 4–6 Minuten auf der Sizzle Zone grillen. Danach 5–10 Minuten in Alufolie ruhen lassen. Die Steaks schneiden, mit der Zwiebelmischung, Gorgonzola und Basilikum garnieren und servieren.

Schon gewusst? Ein richtiges Cowboy-Steak verdient diesen Namen erst ab 5 Zentimetern Stärke, alles andere ist Carpaccio. Generell sollten Fleischstücke nie zu dünn geschnitten sein, da sonst Austrocknungsgefahr besteht. Die ideale Dicke ist 2–3 Zentimeter.

RINDERFILET MIT COGNAC-BUTTER-SAUCE

FÜR 4 PERSONEN ALS HAUPTGERICHT
ZUBEREITUNG: 3 STUNDEN
SCHWIERIGKEIT: ✪✪✪

1 Rindfleischfilet, etwa 1,5 kg, pariert

Für die Injektion
125 g ungesalzene Butter, zerlassen und gekühlt
60 ml Cognac
1 EL frischer Thymian, fein gehackt
60 ml Napoleon-BBQ-Gewürz Rind
1 EL geräuchertes Paprikapulver (erhältlich in Grillfachgeschäften)
2 EL Olivenöl

Für die Cognac-Butter-Sauce
6 Schalotten, geschält, in dünne Scheiben geschnitten
4 Zehen Knoblauch, gehackt
1 EL Butter
30 ml Cognac
100 g Butter, zerlassen, in 5-ml-Einheiten portioniert, gekühlt
Salz
frisch gemahlener schwarzer Pfeffer

Napoleon-Injektion

1. Die zerlassene Butter, den Cognac und den Thymian gut mischen und die Fleischinjektionsspritze damit füllen. An mehreren Stellen die Sauce ins Fleisch geben.

2. Das Filet in Frischhaltefolie einwickeln und 2 Stunden kühlen.

3. Aus dem Napoleon-BBQ-Gewürz, dem geräucherten Paprikapulver und dem Olivenöl eine Marinade anrühren. Damit das Filet einreiben und etwa 30 Minuten ruhen lassen, damit das Fleisch Zimmertemperatur annimmt.

Cognac-Butter-Sauce

1. Auf dem Seitenbrenner die Schalotten und den Knoblauch mit Butter 3–4 Minuten anbraten und den Cognac unter Flammen hinzugeben.

2. Wenn die Flammen verlöscht sind, den Topf vom Brenner nehmen und die kalte Butter Stück für Stück unter ständigem Rühren mit einem Schneebesen untermengen, bis die Butter geschmolzen ist. Mit Salz und Pfeffer abschmecken, die Sauce warm stellen.

3. Das Filet auf der Sizzle Zone 1–2 Minuten je Seite scharf direkt anbraten und weitere 4–7 Minuten je Seite grillen, bis die Garstufe medium erreicht ist. Danach 5 Minuten ruhen lassen; mit Cognac-Butter-Sauce servieren.

M151A

TAFELSPITZ MIT HEUKARTOFFELN UND GRÜNER SAUCE

ZUBEREITUNG: 1 STUNDE
FÜR 4 PERSONEN

Wiesenheu (Tierfutter)

8 mittelgroße Kartoffeln
4 Eier
1 Tafelspitz (etwa 800 g)
3 EL BBQ-Gewürz
Salz
frisch gemahlener Pfeffer

Für die Grüne Sauce
200 g Kräuter (zu gleichen Teilen Borretsch, Kerbel, Kresse, Petersilie, Pimpinell, Sauerampfer und Schnittlauch)
200 g Sauerrahm
800 g Joghurt
1 TL Zucker
1 TL Senf
1 TL Salz

1. Für die Grüne Sauce die Kräuterblätter von den Stielen zupfen, fein hacken und mit den restlichen Zutaten vermischen.

2. Den Holzkohlegrill so anheizen, dass die Kohlen rechts und links liegen und in der Mitte ein 20–30 cm breiter Streifen frei bleibt – am besten Kohlekörbe verwenden. Auf dem Streifen in der Mitte etwa drei Handvoll trockenes Heu verteilen.

3. Drei Handvoll Heu in einer Schüssel anfeuchten und die Hälfte davon auf dem trockenen Heu verteilen. Die Kartoffeln und die Eier darauflegen, das restliche feuchte Heu darüber verteilen und andrücken. Den Rost auf den Grill legen.

4. Den Tafelspitz mit BBQ-Gewürz kräftig einreiben und für indirektes Grillen auf dem Rost platzieren. Den Deckel schließen und alles etwa 45 Minuten garen. Das trockene Heu fängt an zu glimmen und rauchen und räuchert den Tafelspitz, während das feuchte Heu die Kartoffeln und Eier vor dem Feuer schützt und sie gleichmäßig garen lässt. Der Grill sollte nicht heißer als 150 °C werden. Die Temperatur im Fleisch mit dem Kerntemperaturthermometer kontrollieren. Sie sollte nicht über 60 °C liegen.

5. Nach etwa 45 Minuten den Tafelspitz vom Grill nehmen. Den Rost abnehmen. Vorsichtig die Eier und Kartoffeln aus der Heuasche heben. Alles auf einem Teller anrichten und die Grüne Sauce dazu reichen.

SHORT RIBS

FÜR 4 PERSONEN ALS HAUPTGERICHT
SOUS-VIDE-GAREN (68 °C): 12 STUNDEN
ZUBEREITUNG: 1 STUNDE 30 MINUTEN
SCHWIERIGKEIT: ✪✪✪

1 kg Rinderrippen
1 Apfel
100 g BBQ-Rub (BBQ-Gewürz)
2 TL frische Thymianblättchen
3 Zweige Rosmarin
2 EL Butter
200 ml BBQ-Sauce

1. Die Rippen parieren und die Knochenhaut entfernen. Den Apfel vom Kerngehäuse befreien und in Scheiben schneiden.

2. Die Rippen von beiden Seiten mit dem Grillgewürz großzügig einreiben. Mit dem Thymian, dem Rosmarin, den Apfelscheiben und der Butter in einen Sous-vide-Beutel geben. Den Kochbeutel vakuumieren oder die Luft aus dem Beutel herausdrücken (siehe Seite 14). Ein Wasserbad auf 68 °C vorheizen und das Fleisch im Beutel 12 Stunden sous-vide garen.

3. Die fertig gegarten Rippen aus dem Kochbeutel nehmen. Die Garflüssigkeit auffangen und mit der BBQ-Sauce verrühren.

4. Den Grill mit Räucherbeutel ausstatten und die Rinderrippen 1 Stunde bei maximal 100 °C auf dem Grill räuchern. Währenddessen regelmäßig mit der BBQ-Sauce bestreichen.

TXULETÓN BY IMANOL

FÜR 4 PERSONEN ALS HAUPTGERICHT
ZUBEREITUNG: 1 STUNDE 15 MINUTEN
SCHWIERIGKEIT: ✪✪✪

1 kg Txuletón (Fleisch von der 12–18 Jahre alten Milchkuh)
Meersalz
Pfeffer
3 EL Olivenöl

1. Den Grill auf maximal 100 °C vorheizen und das Fleisch indirekt grillen, bis es eine Kerntemperatur von 53 °C erreicht hat.

2. Das Txuletón vom Grill nehmen, in Alufolie wickeln und warm stellen. Den Grill auf maximale Hitze hochheizen. Das Steak wieder auf den Grill legen und auf jeder Seite etwa 20 Sekunden grillen, bis sich ein Grillmuster gebildet hat. Dadurch bekommt das Fleisch Röstaromen. (Wer einen Grill mit Sizzle Zone von Napoleon besitzt, kann das Fleisch aus dem Garraum nehmen und sofort auf der Sizzle Zone fertig grillen.)

3. Das Fleisch vom Grill nehmen, vom Knochen trennen, in fingerdicke Scheiben schneiden, mit Salz, Pfeffer und Olivenöl würzen und servieren.

Schon gewusst?

Txuletón hat eine hohe Fettauflage und ist stark marmoriert. Das Fett ist gelblich und schmilzt in der Hand. Sein Duft ist leicht milchig und erinnert an Heu. Das erste Mal habe ich dieses Fleisch im Jahr 2011 auf der Ernährungsmesse Anuga am Stand des Importeurs Enólogos probiert. Dort traf ich auch den Basken Imanol Jaca, dessen Firma Txogitxu das Fleisch in der Nähe von San Sebastián zerlegt und reift.

Er erzählte, dass er nach Fleisch von zwölf bis 18 Jahren alten Tieren sucht, die bestes Futter bekommen haben und dadurch recht fett geworden sind. Mittlerweile hat Imanol europaweit Händler, die, wenn sie eine alte, fette Kuh am Haken haben, an ihn denken und ihm das Fleisch schicken. Er ist einer der wenigen, denen das Fett im Fleisch wichtig ist und die dafür bezahlen.

Normalerweise werden Rinder im Alter von zwei bis drei Jahren geschlachtet, denn sie werden nur so lange gefüttert, wie sie Fleisch zulegen. Im Gegensatz dazu stehen Milchkühe oft jahrelang auf der Weide und werden fett. Wenn diese Tiere mit zwölf bis 18 Jahren geschlachtet werden, hat der Handel kein Interesse an dem Fleisch, da die meisten Konsumenten fettes Fleisch ablehnen. Nur wenige Mitteleuropäer können sich vorstellen, Fleisch mit gelblicher Fettschicht zu essen. Auch ich war anfangs sehr skeptisch, aber der Fleischgeschmack, vor allem auch der des rohen Fleischs, hat mich begeistert.

Vor Kurzem hatte ich die Gelegenheit, in Süddeutschland einen großen Rinder-Schlacht- und Zerlegebetrieb zu besuchen. Auch dort stieß ich auf ein Fleisch solcher Qualität. Auf die Frage an einen Mitarbeiter, wo es herkommt, scannte er die mitlaufende Nummer an der Kuh (die von der Ohrmarke stammt) und nannte mir einen kleinen Bauernhof im Allgäu, der regelmäßig ältere Kühe aus der Milchproduktion anliefert. Die Antwort auf meine Frage, wo denn das Fleisch hingeht, stimmte mich sehr nachdenklich: »Das geile Fleisch werden wir in Deutschland nicht los, das will mit dieser gelblichen Fettauflage keiner haben. Die meisten wollen nur das magere Jungbullenfleisch. Das Fleisch geht nach Spanien, Portugal und Frankreich, die wissen das zu schätzen.«

FÜR 4 PERSONEN
ALS HAUPTGERICHT
ZUBEREITUNG: 1 STUNDE
SCHWIERIGKEIT: ✪✪✪

ENTRECÔTE MIT MAISTRILOGIE

2 EL Popcornmais
4 Kolben Zuckermais (vorgekocht)
2 EL weiche Butter
Salz
frisch gemahlener Pfeffer
1 EL Sojasauce
2 Entrecôte
1 Knoblauchzehe
abgeriebene Schale von 1 unbehandelten Zitrone
1 TL Rosmarin, fein geschnitten
Fleur de Sel

1. Den Popcornmais in eine Aluschale geben und mit Alufolie abdecken. Die Schale direkt auf den Grill stellen und warten, bis die Körner aufplatzen; vom Grill nehmen.

2. Währenddessen die Maiskolben grillen, bis sie ein wenig Farbe nehmen. Von zwei Kolben die Körner abschneiden, mit der Butter pürieren und mit Salz, Pfeffer und der Sojasauce abschmecken. Vom restlichen Mais vorsichtig die Körner in Segmenten abschneiden, sodass sie noch aneinanderhängen.

3. Die Steaks im Inneren der Grillkammer bei etwa 100 °C auf eine Kerntemperatur von 55 °C bringen, das dauert etwa 45 Minuten, und dann kurz auf der Infrarotzone (Sizzle Zone) fertig grillen. Inzwischen vier Teller vorwärmen.

4. Die Knoblauchzehe kräftig zerdrücken und den austretenden Saft auf die vorgewärmten Teller streichen. Zuerst die Zitronenschale und dann den Rosmarin sowie eine Prise Pfeffer darüberstreuen.

5. Die Steaks gegen die Faser tranchieren und vier bis fünf Scheiben auf jeden Teller geben. Wer mag, kann die Steaks auch einfach nur halbieren. Etwas Popcorn auf jedem Teller verteilen, einen Klecks Maispüree und Maissegmente dazugeben und mit Fleur de Sel salzen.

Schon gewusst? Um das Steak möglichst saftig zu halten, wird es im Inneren der Grillkammer bei etwa 100 °C auf eine Kerntemperatur von 55 °C erwärmt und dann auf der Infrarotzone (Sizzle Zone) des Napoleon-Grills fertig gegrillt. An der Sizzle Zone herrschen Temperaturen von 800–1000 °C, die dem Fleisch eine Kruste, Röstaromen und ein schönes Branding verleihen. Alternativ kann man das auf 55 °C erwärmte Fleisch vom Grill nehmen, in Alufolie wickeln und warm stellen. Dann den Grill auf möglichst hohe Temperatur heizen, das Fleisch darauflegen und nur noch mit einem Branding versehen.

BISON-ROASTBEEF MIT GEBUTTERTEN SÜSSKARTOFFELN

FÜR 4 PERSONEN ALS HAUPTGERICHT
ZUBEREITUNG: 1 STUNDE 15 MINUTEN
SCHWIERIGKEIT: ✪✪✪

Injektionsspritze

4 Süßkartoffeln
150 g gesalzene Butter
10 Zweige Thymian
200 g Cranberrys (frisch oder tiefgekühlt)
1 TL Butter
2 TL Ahornsirup
frisch gemahlener Pfeffer
1 kg Bisonroastbeef
Salz
4 Maiskolben
1 EL Bone-suckin-BBQ-Gewürz (ersatzweise ein anderes BBQ-Gewürz mit Paprikapulver, Zucker, Pfeffer und Salz)

1. Die Süßkartoffeln in Wasser weich kochen oder in Alufolie wickeln und bei 200 °C je nach Größe etwa 1 Stunde grillen, bis sie weich sind. Inzwischen die Butter in einem Topf zerlassen. Den Thymian hineinlegen und etwa 30 Minuten ziehen lassen, damit dieser seine Aromen an das Fett abgibt.

2. Die Cranberrys mit 1 TL Butter in einen Topf oder eine Aluschale geben, etwa 5 Minuten erhitzen und darin schwenken. Dann mit dem Ahornsirup beträufeln und leicht pfeffern.

3. Das Bisonsteak im Inneren der Grillkammer bei etwa 100 °C auf eine Kerntemperatur von 55 °C erwärmen, das dauert etwa 30 Minuten. Anschließend das Steak auf der Infrarotzone (Sizzle Zone) grillen (siehe Seite 90 »Schon gewusst?«). Alternativ das gegarte Fleisch vom Grill nehmen, in Alufolie wickeln und warm stellen. Den Grill möglichst stark erhitzen und das Fleisch kurz drauflegen, bis es schöne Grillstreifen hat; salzen und pfeffern. Die Maiskolben gleichzeitig mit dem Fleisch auf den Grill legen und indirekt grillen. Das BBQ-Gewürz unter die Hälfte der Thymianbutter rühren und die Maiskolben während des Grillens sechs- bis achtmal damit bestreichen.

4. Die weichen Kartoffeln rundherum leicht andrücken. So entstehen in ihrem Inneren kleine Hohlräume. Die restliche Thymianbutter in die warmen Kartoffeln spritzen. Die Schale von den Kartoffeln aufreißen und die Kartoffeln mit dem Fleisch, den Maiskolben und den Cranberrys auf Tellern anrichten.

LANGSAM GEGARTE RINDERBRUST (BRISKET)

FÜR 6 PERSONEN ALS HAUPTSPEISE
ZUBEREITUNG: 18–22 STUNDEN
SCHWIERIGKEIT: ✪✪✪

Für den Rub (Gewürzmischung)

½ EL brauner Zucker
½ EL Knoblauchpulver
1 EL Zwiebelpulver
2 TL Chilipulver
½ EL gemahlener Piment
3 EL schwarzer Pfeffer
2 EL grobes Meersalz

Für das Fleisch

2 kg Beef Brisket (Rinderbrustspitz, Teilstück der Rinderbrust)
100-g-Glas scharfer Senf

Ein Wort vorab: Wer beim Metzger Rinderbrust bestellt, erhält möglicherweise nur einen Teil davon. Die Brust (6 kg) besteht nämlich aus zwei Teilen: dem Brustspitze und dem Brustkern. Gelegentlich kann man zwischen beiden Stücken wählen. In diesem Fall immer die Spitze wählen, weil diese deutlich mehr intramuskuläre Fette enthält und dadurch saftiger bleibt. Wer einen Brustkern erhält, kann das Fleisch besser in einem »Dutch Oven« (verschließbarer Feuertopf aus Gusseisen) schmoren oder in Aluminiumfolie wickeln. In diesem Fall sollten Sie das Fleisch in den letzten 30 Minuten der Garzeit aus der Folie bzw. dem Topf nehmen und es bei 115 °C (indirekte Hitze) fertig grillen. Die Zubereitung eines Briskets ist sehr zeitaufwendig. Je nach Größe und Dicke der Rinderbrust dauert der Garprozess mit anschließender Ruhephase bis zu 1 Tag.

1. Für den Rub alle Zutaten in einer Schüssel vermengen. Die Fettschicht des Fleisches vorsichtig abschneiden, sodass nur eine etwa 5 mm dicke Schicht am Fleisch verbleibt. Eventuell an der Unterkante der Rinderbrust vorhandene Sehnen und Häutchen entfernen. Die Rinderbrust erst mit dem Senf bestreichen, dann mit der Gewürzmischung einreiben. Ein Fleischthermometer tief in das Fleisch stecken.

2. Den Smoker vorbereiten. Einige trockene Räucherholzstücke aus Hickoryholz (»Smoking Chunks«) unter die Kohlen mengen. Einen Abtropftopf mit heißem Wasser in den Smoker stellen oder die Wasserschale des Smokers mit heißem Wasser füllen. Den Smoker auf 110 °C erhitzen. 1 Handvoll eingeweichte Räucherholzstücke aus Hickoryholz (»Smoking Chunks«) auf die glühenden Kohlen legen (nicht alle Kohlen glühen zu diesem Zeitpunkt). Verwendet man Briketts, ist es am besten, nach der »Snake«-Methode vorzugehen. Dazu die Briketts in einer Zweierreihe dicht an dicht bogenförmig um den Abtropftopf legen. Auf diese Zweierreihe zusätzlich noch eine Reihe Briketts schichten. Es entsteht eine gebogene »Schlange«.

Die eingeweichten Räucherholzstücke auf dieser Brikett-Schlange verteilen. Die Briketts an einem Ende entzünden, während des Garens wandert das Feuer weiter. Nur so wird eine konstant niedrige Temperatur über die lange Garzeit gewährleistet. Entzündet man alle Briketts sofort, würde das Fleisch verbrennen.

3. Den Grillrost über den mit heißem Wasser gefüllten Abtropftopf in den Smoker stellen. Die gewürzte Rinderbrust mit der Fettschicht nach oben darauflegen und den Grilldeckel schließen. Die Rinderbrust räuchern, bis die Plateauphase erreicht ist (dies kann bereits ab 66 °C der Fall sein und bis zum Erreichen von 77 °C Kerntemperatur andauern. Die Plateauphase ist ein Zeitraum beim Smoken, bei dem die Kerntemperatur des Fleisches nicht weiter ansteigt oder sogar um einige Grad sinkt. Während der Plateauphase werden Fett und Bindegewebe umgewandelt und verflüssigt. Die Feuchtigkeit verdampft an der Oberfläche des Fleischs, wodurch die Temperatur sinkt. Diese Plateauphase kann mehrere Stunden dauern.) Sobald das Fleisch die Plateaustufe erreicht hat und die Kerntemperatur sinkt, die Rinderbrust sorgfältig in eine doppelte Lage Aluminiumfolie wickeln und zurück auf den Grill legen. Unter geschlossenem Grilldeckel weitergaren, bis das Fleisch eine Kerntemperatur von 95 °C erreicht hat. Das in die Alufolie gewickelte Fleisch in eine Isolierbox legen, diese verschließen und das Fleisch 2 Stunden ruhen lassen. Zum Servieren die Rinderbrust gegen die Faser in dünne Scheiben schneiden.

BISTECCA DI RAZZA CHIANINA

FÜR 4 PERSONEN ALS VORSPEISE
ZUBEREITUNG: 1 STUNDE 15 MINUTEN
SCHWIERIGKEIT: ✪✪✪

1 kg Roastbeef mit Knochen (Bistecca di Razza Chianina)
12 dünne Scheiben Weißbrot
2 Knoblauchzehen, halbiert
4 Tomaten, halbiert
frisch gemahlener Pfeffer
Meersalz
3 EL Olivenöl

1. Den Grill auf maximal 100 °C vorheizen und das Fleisch indirekt grillen, bis es eine Kerntemperatur von 53 °C erreicht hat.

2. Das Fleisch vom Grill nehmen, in Alufolie wickeln und warm stellen. Die Brotscheiben auf dem Grill anrösten und herunternehmen.

3. Den Grill auf maximale Hitze hochheizen. Das Fleisch wieder auf den Grill legen und auf beiden Seiten nur kurz, etwa zweimal 20 Sekunden pro Seite, grillen, bis sich Grillstreifen sprich Röstaromen gebildet haben. Das Roastbeef 5 Minuten ruhen lassen. (Wer einen Grill mit Sizzle Zone von Napoleon besitzt, kann das Fleisch aus dem Garraum nehmen und dann auf der Sizzle Zone fertig grillen.)

4. Mit den Schnittflächen von Knoblauch und Tomaten über die gerösteten Weißbrote reiben.

5. Das Fleisch vom Knochen trennen, in fingerdicke Scheiben schneiden und auf den Broten verteilen. Die Brote mit Salz, Pfeffer und Olivenöl würzen und servieren.

Schon gewusst? Chianina-Rinder leben in der Toskana. Sie sind die größte Rinderrasse der Welt – ein Bulle kann schon mal 1,5 t wiegen. Das Fleisch der früher zur Feldarbeit herangezogenen Tiere ist nicht so zart wie das anderer Fleischrassen, und auch der Fleischgeschmack ist nicht unbedingt herausragend. Aber bei vielen Fleischliebhabern kommt es manchmal eben einfach auf die Größe an. So kann die berühmte bistecca alla fiorentina, ein Porterhouse-Steak, das sowohl aus Roastbeef als auch aus Filet besteht, schon einmal 1,6 kg wiegen – im Gegensatz zu einem normalen Porterhouse, das, je nach Schnitt, 600–800 g schwer ist. Ich war selbst schon dort, und die Größe der Tiere hat mich beeindruckt.

SCHWEIN

SCHWEIN

Schweinefleisch und Produkte aus Schwein legen die Deutschen am liebsten auf den Grill – egal ob Würstchen, Steaks oder Bauchfleisch. Schweine sind preiswert und ständig verfügbar.
Die Fleischindustrie übertrifft sich jedes Jahr aufs Neue, um das Nacken- und Holzfällersteak unter bunten, schmackhaften Marinaden zu verstecken. Und falls das Fleisch ohne Marinade angeboten wird, muss es mager sein, damit es der figurbewusste Konsument kauft.
Das Schwein zählt zu den ersten Tieren, die wir domestiziert haben. Und da Schweine im Gegensatz zu Schafen und Ziegen keine große Lust aufs Wandern hatten, wurden wir mit den Tieren sesshaft. Dadurch erklärt sich auch, warum Schweinefleisch bei einigen Bevölkerungsgruppen im Orient nicht populär ist: Da diese in den warmen trockenen Ländern als Nomaden unterwegs waren, vermieden sie es, mit dem Allesfresser Schwein um Wasser und Nahrungsmittel zu konkurrieren.

FLEISCHLIEFERANT NUMMER EINS

Im mitteleuropäischen Raum wurden Wildschweine gezähmt, um sie nicht mehr im Wald jagen zu müssen. Noch vor 100–150 Jahren hielt man die Schweine in der Nähe von Wäldern, da diese dort Futter in Form von Wurzeln, Eicheln und Ähnlichem fanden. Da das Schwein sich aber auch mit Speiseresten und »Abfällen«, beispielsweise aus Getreidemühlen und Brauereien, zufrieden gibt, konnte es problemlos in Ställen gehalten werden. Als sich daraus im Lauf der Zeit die konventionelle Massentierhaltung entwickelte, begann man, extra für die Schweine Rüben und anderes Futter anzubauen.
Mittlerweile ist das Schwein weltweit Fleischlieferant Nummer eins. Zahlenmäßig sind die Rinder den Schweinen zwar überlegen, aber da Letztere ein geringeres Schlachtalter haben und sich öfter und zahlreicher fortpflanzen, werden weltweit fünfmal so viel Schweine wie Rinder geschlachtet. Um dem Wunsch des Endverbrauchers nach preiswertem, magerem Fleisch Rechnung zu tragen, setzten sich in den vergangenen Jahrzehnten zunehmend die hochgezüchteten Hybridschweine in der Mast durch. Seit ein paar Jahren entwickelt sich aber auch glücklicherweise wieder ein Markt für geschmackvolles Schweinefleisch mit einem hohen Anteil an intramuskulärem Fett. Denn einige Züchter besannen sich auf alte, robuste und stressresistentere Schweinerassen, die weniger anfällig für Krankheiten waren.

BEKANNTE SCHWEINERASSEN

Deutsches Landschwein B
Es zeichnet sich durch seine hohe Fleisch- und Mastleistung aus. Die Rasse entstand in Belgien durch eine Kreuzung vom Deutschen Mastschwein und dem Pietrain.
Duroc
Das Duroc-Schwein, so wie wir es heute kennen, entstand um 1830 aus einer Kreuzung aus roten Jersey-Schweinen und den ursprünglichen Durocs, roten Schweinen aus dem Nordosten der USA. Ungefähr 2006, als das Duroc-Schwein mit weiteren Rassen gekreuzt wurde, hielt es Einzug in die hiesigen, konventionellen Fleischtheken. Heute sind verschiedene Duroc-Züchtungen wie das Iberico-Duroc und das Thüringer-Duroc im Angebot – alle mit ordentlicher Qualität.
Iberico
Das meist schwarze iberische Schwein stammt größtenteils aus dem Südwesten Spaniens, beispielsweise aus Andalusien und der Extremadura. Die halbwilden Tiere werden meist in Kork- und Steineichenwäldern gehalten. Durch die Eicheln, die sie dort fressen, wird ihr Fleisch sehr schmackhaft und aromatisch. Von Schweinen, die sich vorwiegend von Eicheln ernähren, stammt auch der weltbekannte spanische Schinken. Etwa im Jahr 2005 hielt das in Spanien lebende Iberico-Schwein auf dem deutschen Markt Einzug. Als Vorreiter und Trendsetter beim Import und Handel mit diesen Schweinen möchte ich hier stellvertretend die Firma OTTO Gourmet nennen. Sie überzeugte mich vom Geschmack dieses guten Schweinefleischs – ich bin bis heute infiziert.

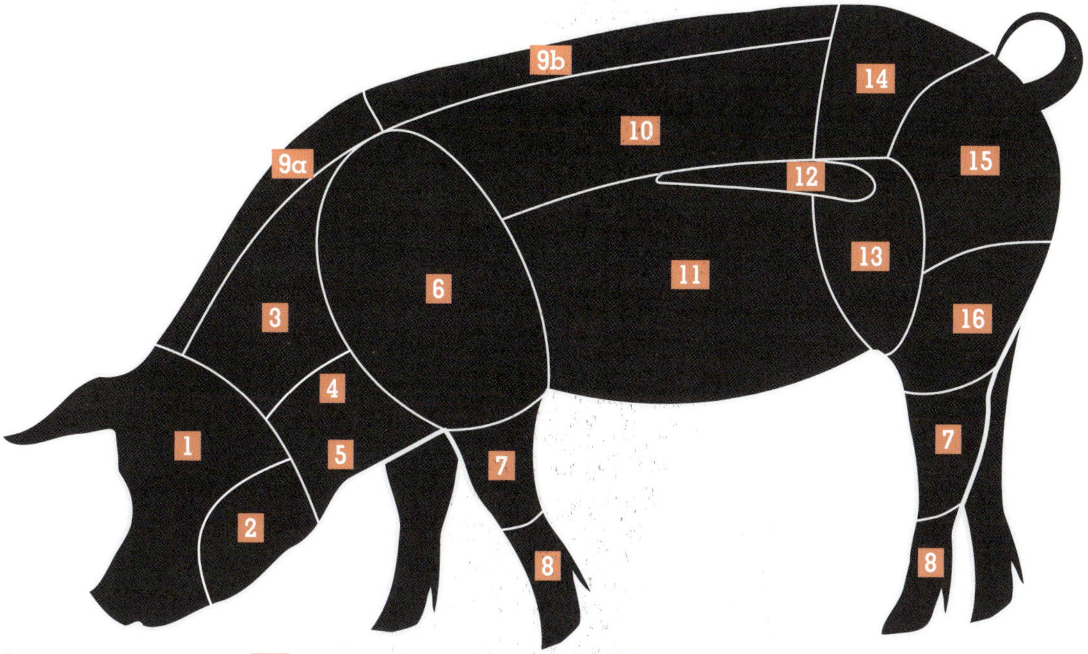

1 Kopf
2 Backe/Bäckchen
3 Hals/Kamm/ Nacken/Presa
4 Brustspitze
5 Dicke Rippe
6 Schulter/Bug
7 Knöchel/Eisbein/ Haxe
8 Fuß/Spitzbein
9a Kammspeck
9b Rückenspeck
10 Schweinrücken/ Kotelett/Secreto
11 Bauch und Bauchlappen
12 Filet/Lende
13 Nuss
14 Hüfte
15 Oberschale/Schinken
16 Unterschale

Mangalitza
Das aufgrund seines Aussehens als Wollschwein bezeichnete Tier hat seine Heimat in Ungarn. Dort setzte es sich durch seine Speckleistung als Favorit in der südosteuropäischen Schweinemast durch. Zudem wurde dieses robuste Schwein als »Landschaftspfleger« zur Bekämpfung des hartnäckigen Alpenampfers in der Alpenregion eingesetzt. Wollschweine liefern aromatisches, leicht fettmarmoriertes, dunkles Fleisch. Man findet es immer öfter auch in Großmärkten.

Pietrain
Die aus Belgien stammende Rasse ist für ihren hohen Magerfleischanteil bekannt. Sie spielte in ganz Europa eine wesentliche Rolle, als sich die Konsumgewohnheiten weg vom fetten und hin zu magerem Schweinefleisch wandelten. In der Zucht des am stärksten verbreiteten Deutschen Landschweins B übernimmt das Pietrain die Vaterrolle.

Schwäbisch Hällisches
Im 19. Jahrhundert importierte man chinesische Maskenschweine nach Deutschland, um sie mit einheimischen Landrassen zu kreuzen und so eine größere Fettausbeute zu erhalten. In der weiteren Entwicklung folgten Kreuzungen meist mit der englischen Rasse Berkshire. In den 1980er-Jahren haben sich Bauern aus der Region Hohenlohe-Franken zusammengeschlossen, um die Tradition des Schwäbisch Hällischen Landschweins wiederzubeleben. Die alte Rasse verfügt über Eigenschaften wie Vitalität und Robustheit und eignet sich hervorragend für die Erzeugung hochwertiger Spezialitäten, bei denen feinfaseriges Fleisch mit feinster Fettmarmorierung und einem optimalen Reifeverhalten von größter Bedeutung ist. Teilweise Eichelfütterung und nachhaltige Aufzucht versprechen einen kernigen, nussigen Fleischgenuss erster Güte. Mittlerweile gibt es auch die ersten zufriedenstellenden Ergebnisse, dieses Fleisch im Dry-Age-Verfahren (siehe Seite 12) zu reifen.

LiVar Klosterschwein
Eine der jüngsten Schweinerassen auf dem Markt. Erst Anfang des 21. Jahrhunderts taten sich Züchter aus den Niederlanden zusammen, um durch Kreuzungen aus dem niederländischen Landschwein, dem Schwäbisch Hällischen, dem englischen Essex- sowie dem amerikanischen Duroc-Schwein das LiVar (Limburgse Varken), das Limburger Klosterschwein, zu züchten. Durch Freilandhaltung und reine Getreidefütterung liefern die Tiere ein einzigartiges Fleisch, das beim Braten zart und saftig bleibt. Das Fleisch ist gut durchwachsen und hat einen intensiven, sehr angenehmen und natürlichen Geschmack.

SPECKFACKELN

FÜR 4 PERSONEN ALS VORSPEISE
ZUBEREITUNG: 20 MINUTEN
MARINIEREN: 1 STUNDE
SCHWIERIGKEIT: ✪✪✪

1 Knoblauchzehe
1 TL Currypulver
½ TL edelsüßes Paprikapulver
¼ TL Cayennepfeffer
4 EL Ketjap Manis (süße Sojasauce)
1 EL Sonnenblumenöl
600 g Schweinebauchscheiben, in 5 mm dünne Scheiben geschnitten
reichlich Holzspieße

1. Die Knoblauchzehe schälen, durch die Presse drücken und mit dem Currypulver, dem Paprikapulver, dem Cayennepfeffer, dem Ketjap Manis und dem Sonnenblumenöl zu einer Marinade verrühren. Die Schweinebauchscheiben der Länge nach in etwa 2,5 cm breite Streifen schneiden und in eine Schüssel geben. Die Marinade darübergeben und alles gut vermengen. Anschließend 1 Stunde ruhen lassen.

2. Den Grill auf eine Temperatur von 180–200 °C vorheizen. Jeden marinierten Schweinebauchstreifen vom Ende her auf einen Holzspieß stecken und nach unten schieben. Dann den Schweinebauchstreifen wie eine Spirale eng um den Spieß wickeln. Das andere Ende ebenfalls aufspießen und fixieren.

3. Die so entstandenen Speckfackeln etwa 8–10 Minuten bei indirekter Hitzezufuhr unter geschlossenem Grilldeckel grillen. Die Speckfackeln dann weitere 5 Minuten bei direkter Hitze grillen, bis das Fleisch gar und knusprig ist. Dabei die Speckfackeln fortwährend drehen und wenden.

SPARE RIBS

FÜR 4 PERSONEN ALS HAUPTSPEISE
ZUBEREITUNG: 4 STUNDEN
SCHWIERIGKEIT: ✪✪✪

Für den Rub (Gewürzmischung)
2 EL mildes Paprikapulver
2 EL brauner Zucker
2 TL Senfpulver
2 TL Knoblauchpulver
1 EL Zwiebelpulver
1 TL Cayennepfeffer
1 EL schwarzer Pfeffer
2 EL grobes Meersalz

Für die Ribs
4 Leisten Spare Ribs (Schweine-Schälrippchen, à ca. 800–1000 g)
150 ml Apfelsaft
175 ml Barbecuesauce

1. Alle Zutaten für den Rub in eine Schüssel geben und vermengen. Die Membran (Silberhaut) der Rippchen abziehen und die Ribs mit dem Rub einreiben. Einen Smoker auf 115–120 °C erwärmen. 1 Handvoll eingeweichte Räucherholzstücke aus Hickoryholz (Smoking Chunks) auf die Kohlen legen.

2. Die Rippchenleisten aufrecht in einen Spareribshalter (»Rib Rack«) stellen und bei einer Temperatur von 115 °C 2 Stunden räuchern. Während der Garzeit ab und zu einige gewässerte Räucherholzstücke in die Kohlen geben und bei Bedarf Kohlen nachfüllen, um die Temperatur konstant zu halten. Die Ribs immer wieder mit Apfelsaft besprühen, dabei allerdings Vorsicht walten lassen: Das Besprühen mit Apfelsaft oder Cidre soll in erster Linie helfen, einen besseren »smoke ring« (Rauchring) zu erhalten, nicht so sehr für das Aroma oder den Abbau von Enzymen. Vorsicht ist vor allem angebracht, weil man den Räuchergeschmack und die Marinade sprichwörtlich wegspülen kann. Zudem verlangsamt das Besprühen den Garprozess und es dauert länger, bis die Ribs fertig sind. Je 2 Rippchenleisten nach dem Räuchern auf eine doppelte Lage Aluminium setzen und einige Esslöffel Apfelsaft hinzufügen. Die Folien zu Päckchen verschließen. Diese zurück auf den Grill legen und die Ribs weitere 90 Minuten garen.

3. Eine direkte Zone auf dem Grill vorbereiten. Diese auf eine mittlere Temperatur von 180–190 °C erhitzen. Die Ribs aus der Folie nehmen und jeweils 3–5 Minuten auf den Fleischseiten grillen. Die Ribs wenden. Die Fleischseiten mit etwas Barbecuesauce bestreichen. Nach 5 Minuten erneut mit etwas Barbecuesauce bestreichen. Den Grilldeckel schließen und die Sauce 10 Minuten karamellisieren lassen. Die Ribleisten in 2–3 Rippchen schneiden und auf einem Brett anrichten. Dazu passen Kartoffeln oder Gemüse vom Grill. Je nach Wunsch etwas Barbecuesauce dazu reichen.

BABY BACK RIBS

FÜR 4 PERSONEN
ZUBEREITUNG: 3 STUNDEN
SCHWIERIGKEIT: ✪✪✪

4 Racks Baby Back Ribs

Für den Honigsenf
125 ml würziger brauner Senf
60 ml Honig
125 g brauner Zucker
60 ml Weißweinessig

Für den Brauner-Zucker-Rub
250 g brauner Zucker
60 g granulierter Knoblauch
60 g »Rib and Chicken«-BBQ-Gewürz
2 El Zwiebelsalz
2 TL Selleriesalz
2 EL frisch gemahlener schwarzer Pfeffer
2 EL frischer Salbei, gehackt
2 TL getrockneter Rosmarin
1 TL getrockneter Thymian

250 ml Napoleon-BBQ-Sauce

1. Mit einem scharfen Messer einen Teil der Membran auf der Rückseite der Rippen lösen. Wenn ein Stück Membran freigelegt ist, diese mit einem Papiertuch fassen und sie vorsichtig mit einem Zug von den Rippen entfernen.

2. Für den Honigsenf und den Rub jeweils alle Zutaten miteinander vermischen.

3. Dann alle großen Fettstücke von den Rippen schneiden und das Fleisch mit Honigsenf bestreichen. Dann den Rub einmassieren. Die Rippen 30 Minuten ruhen lassen.

4. Danach die Rippen im Rib-Rack-Halter 1 ½–2 Stunden in den Smoker oder auf den Grill legen, bis sich die Knochen leicht lösen lassen. Das Fleisch in den letzten 10–15 Minuten mit der Napoleon-BBQ-Sauce bestreichen. Die Sauce nach Belieben auch zum Essen reichen.

PULLED PORK

FÜR 6 PERSONEN ALS HAUPTSPEISE
ZUBEREITUNG: CA. 16–18 STUNDEN
SCHWIERIGKEIT: ✪✪✪

1 Procureur (Schweinenacken, ca. 2,5 kg)

Für die Würzmischung (Rub)

12 EL brauner Zucker
2 EL gemahlener Kurkuma
3 EL Zwiebelpulver
4 EL Knoblauchpulver
2,5 EL Cayennepfeffer
8 EL edelsüßes Paprikapulver
7 EL Salz

Für die Brötchen (Buns)

150 ml Wasser
150 ml Weißweinessig
150 g Zucker
1 gelbe Paprikaschote
2 Karotten
½ Salatgurke
12 Cherry-Tomaten
6 weiche Brötchen oder Buns (Hamburgerbrötchen)
reichlich Coleslaw (amerikanischer Krautsalat)
einige gemischte Salatblätter, in Streifen geschnitten
Barbecuesauce nach Wahl

1. Die Zutaten für die Würzmischung gut vermischen und das gekühlte Fleisch großzügig damit einreiben. Falls Reste übrigbleiben, können diese in einem verschließbaren Behälter aufbewahrt und beim nächsten Mal verwendet werden.

2. Eine gute Handvoll Räucherchips (z. B. aus Apfel- oder Kirschbaumholz) in reichlich Wasser einweichen. Einige Handvoll Räucherchips (nicht eingeweicht) zu den noch nicht entzündeten Grillkohlen in den Smoker geben. Die Wasserschale eines Smokers auffüllen. Einen Fire Starter (Anzündkamin) zur Hälfte mit Holzkohle auffüllen, anzünden und die glühenden Kohlen zu jenen hinzufügen, die sich bereits im Smoker befinden. Die eingeweichten Räucherchips über die glühenden Kohlen verstreuen. Den Schweinenacken auf den mittleren Rost des Smokers legen, oder, bei Verwendung eines »gewöhnlichen« Grills, an eine Stelle, bei der die Hitze nur indirekt einwirkt. Anschließend den Deckel schließen. Den Grill auf eine Temperatur zwischen 95 °C und 110 °C bringen, bei diesen Temperaturen bleibt das Pulled Pork schön saftig. Den Schweinenacken etwa 8 Stunden garen, bis das Fleisch eine Kerntemperatur von etwa 71 °C erreicht hat (diese lässt sich mit einem Kernthermometer ermitteln). Hinweis: In diesem Moment wird die erste sogenannte Plateauphase erreicht, wobei die Kerntemperatur ganz langsam bis auf 77 °C ansteigt, um dort sehr lange zu bleiben. Einer der Gründe liegt darin, dass das Kollagen, welches das Fleisch zusammenhält, nun in Gelatine umgewandelt wird. Während dieses Prozesses wird relativ viel Feuchtigkeit freigesetzt, was den Garprozess verlangsamt. Ein weiterer Grund liegt in der Verdampfung jener Flüssigkeiten, die sich im Fleisch selbst befinden (konkret handelt es sich um die Kollagenproteine aus dem Fett). Durch das Einpacken in Folie wird die Umgebung des Fleisches feuchter, was das Warten auf die Plateauphase verkürzt. Wenn die Plateauphase (71 °C) erreicht ist, das Fleisch aus dem Smoker nehmen, in Alufolie einpacken und es zurück auf

den Grillrost legen. Den Deckel des Grillrosts schließen und das Fleisch langsam weitere 6–8 Stunden garen, bis die Kerntemperatur einen Wert zwischen 86 °C und 96 °C erreicht hat. Der exakte Wert ist nicht so wichtig, so lange dieser über 86 °C liegt. Den gegarten Schweinenacken aus dem Smoker nehmen und anschließend in der Alufolie mehrere Stunden in einer Isolierbox (Warmhaltebox oder Kühlbox) ruhen lassen. Sowohl die Alufolie als auch die Box isolieren das Fleisch, sodass es konstant warm bleibt.

3. Währenddessen die Zutaten für die Brötchen vorbereiten: Für den Pickle-Sud das Wasser, den Weißweinessig und den Zucker aufkochen, bis sich der Zucker aufgelöst hat. Diesen süßsauren Sud abkühlen lassen. Die Paprikaschote halbieren, Strunk und Kerne entfernen und das Fruchtfleisch in Würfel schneiden. Die Karotte schälen. Von der Karotte und der Gurke mit einem Schälmesser der Länge nach dünne Streifen abhobeln. Die Cherry-Tomaten in Viertel schneiden. Das Gemüse in den süßsauren Pickle-Sud legen und beiseitestellen. Vor dem Servieren das süßsaure Gemüse abtropfen lassen und das Fleisch vom Schweinenacken mit den Fingern oder mit Hilfe von Meat Claws (Fleischkrallen) auseinanderziehen und zerrupfen.

4. Die Brötchen aufschneiden und mit Coleslaw, gemischtem Salat und süßsaurem Gemüse und reichlich Pulled Pork belegen. Je nach Geschmack mit Barbecuesauce beträufeln. Mit der oberen Hälfte des Brötchens abdecken und sofort servieren.

DUROC MIT GEBRATENEM RUCOLA

FÜR 4 PERSONEN ALS HAUPTGERICHT
BEIZEN DES DUROCS: 1 STUNDE
ZUBEREITUNG: 45 MINUTEN
SCHWIERIGKEIT: ✪✪✪

Gussplatte

1,2 kg Karree vom Duroc-Schwein am Stück
Salz
1 Bund Rucola (etwa 100 g)
2 rote Zwiebeln
frisch gemahlener Pfeffer
40 ml Sojasauce
Saft von ½ Zitrone

1. Das Schweinekarree leicht mit Salz einreiben und für 1 Stunde beiseitestellen. Dann das Fleisch grob parieren und die Fettseite mehrfach schräg einschneiden.

2. Das Karree mit der Fettseite auf die kalte Gussplatte legen und langsam erwärmen, dadurch hat das Fett Zeit zum Austreten, aber das Fleischstück wird nicht schon stark gegart. Wenn das Fett zum größten Teil geschmolzen und ausgetreten ist und sich eine Kruste gebildet hat, das Karree von der Platte nehmen.

3. Das Fleischstück in Koteletts schneiden und die Steaks auf dem Grillrost unter mehrfachem Wenden fertig braten. Die Kerntemperatur sollte 60 °C betragen.

4. Den Rucola waschen und grob zerteilen. Die Zwiebeln schälen und in Ringe schneiden. Beides auf die Gussplatte geben, im ausgetretenen Schweinefett ringsum anbraten und mit Salz und Pfeffer würzen. Das Gemüse mit der Sojasauce und dem Zitronensaft ablöschen.

5. Das Rucola-Zwiebel-Gemüse auf vier Teller geben und das Fleisch darauf oder daneben anrichten.

PUERCO PIBIL

FÜR 8 PERSONEN ALS HAUPTSPEISE
ZUBEREITUNG: 10,5–12 STUNDEN
SCHWIERIGKEIT: ✪✪✪

Für das Fleisch

2,5 kg ausgelöste Schweineschulter (am Stück, ohne Schwarte, alternativ Schweinenacken)
4 große Bananenblätter

Für die Gewürzpaste

5 EL fein gemahlene Annattosamen (Achiote)
2 EL gemahlener Kreuzkümmel
2 TL gemahlener Piment
2 TL gemahlene Gewürznelken
1 EL frisch gemahlener schwarzer Pfeffer
1,5 EL Salz
2 EL Knoblauchpüree
75 ml frischer Orangensaft
50 ml frisch gepresster Limettensaft
fein geriebene Schale und Saft von 1 unbehandelten Zitrone
1 Schuss Tequila

1. In die Ober- und die Unterseite des Fleischs im Abstand von 5 cm ein Gitter schneiden. Jeder Schnitt soll 2 cm tief sein. Die Zutaten für die Gewürzpaste in eine Schüssel geben und vermengen. Das Schweinefleisch von allen Seiten damit einreiben. Das Fleisch in die Bananenblätter wickeln und in Alufolie einwickeln. Vorsichtig einige Löcher in die Oberseite der Folie stechen, sodass die Hitze entweichen kann – dabei das Bananenblatt nicht anstechen.

2. Den Grill auf eine Temperatur von 120 °C vorheizen. Das Fleischpäckchen auf den Grill legen und unter geschlossenem Grilldeckel mindestens 10–12 Stunden garen. Die Kerntemperatur des Fleischs sollte mindestens 90 °C betragen und das Fleisch soll so zart sein, dass es von alleine zerfällt.

3. Das Päckchen vom Grill nehmen und auf eine Platte setzen. Die Alufolie entfernen. Die Bananenblätter rundherum mit einer Schere einschneiden und den so entstandenen Deckel abnehmen. Das zarte Fleisch mit 2 Gabeln in grobe Stücke zerpflücken. Das Fleisch auf Maistortillas (siehe Seite 123) geben. Dazu passen rote Zwiebelringe.

GEGRILLTER SCHWEINEBAUCH MIT HOISIN-SAUCE

FÜR 4 PERSONEN ALS HAUPTSPEISE
ZUBEREITUNG: 2 STUNDEN 15 MINUTEN
SCHWIERIGKEIT: ✪✪✪

1 kg Schweinebauch ohne Schwarte
2 EL Knoblauchpaste
1 EL grobes Meersalz
4 EL Fünf-Gewürze-Pulver
2 EL Sojasauce
4 EL Hoisin-Sauce

1. Den Schweinebauch auf der weißen Fettseite kreuzweise einschneiden. Beide Seiten des Fleischs mit der Knoblauchpaste, dem Salz, dem Fünf-Gewürze-Pulver und der Sojasauce einreiben.

2. Den Grill auf 150 °C erhitzen. Den Schweinebauch bei indirekter Hitze unter geschlossenem Deckel 75 Minuten grillen. Die Temperatur des Grills auf 190 °C erhöhen und den Schweinebauch weitere 30 Minuten grillen. Das Fleisch anschließend großzügig mit der Hoisin-Sauce bestreichen und weitere 5–10 Minuten grillen. Den glasierten Schweinebauch leicht abkühlen lassen, dann in dünne Tranchen schneiden und servieren.

9167 / 16 cm | 6¼"
1.4116 X50 CrMoV 15
Germany

SECRETO MIT SELLERIEPÜREE

FÜR 4 PERSONEN ALS HAUPTGERICHT
ZUBEREITUNG: 1 STUNDE
SCHWIERIGKEIT: ✪✪✪

1 kg Secreto
Salz
Zitronenpfeffer

Für die Manchego-Tomaten-Sauce
2 reife Tomaten
Fleur de Sel
frisch gemahlener schwarzer Pfeffer
3 EL Olivenöl
3 Walnüsse
200 g Manchego
1 EL frische Rosmarinnadeln
Rosmarinzweige zum Garnieren (nach Belieben)

Für das Selleriepüree
2 kleine Knollen Sellerie
Salz, frisch gemahlener Pfeffer
4 EL Olivenöl
100 ml heiße Milch
4 EL Butter

1. Für das Püree den Sellerie schälen, in Würfel schneiden, in einer feuerfesten Schale gleichmäßig verteilen, mit Salz und Pfeffer würzen und mit Olivenöl beträufeln. Im Grill bei 180 °C in 45 Minuten weich schmoren. Dann die heiße Milch und die Butter dazugeben und den Sellerie zu einem cremigen Püree mixen. Mit Salz und Pfeffer abschmecken und warm halten.

2. Das Secreto von beiden Seite leicht salzen und 15 Minuten ruhen lassen. Dann 10 Minuten bei etwa 180 °C unter mehrmaligem Wenden direkt grillen, bis es eine Kerntemperatur von etwa 60 °C erreicht hat.

3. Inzwischen für die Manchego-Tomaten-Sauce die Tomaten halbieren, mit der groben Seite einer Küchenreibe in eine Schüssel reiben, salzen, pfeffern und mit dem Olivenöl verrühren. Die Walnüsse knacken, die Walnusskerne mit den Händen zerkleinern und hinzufügen. Den Manchego klein würfeln und zu den Tomaten geben. Den Rosmarin grob hacken, hinzufügen und alles gut verrühren.

4. Das Secreto vom Grill nehmen, gegen die Faser in etwa 1 cm dicke Scheiben schneiden, mit etwas Zitronenpfeffer bestreuen und mit der Sauce und dem Selleriepüree auf vier Tellern anrichten. Nach Belieben mit Rosmarinzweigen garnieren.

PRESA MIT GEGRILLTEM LAUCH

FÜR 6 PERSONEN ALS HAUPTGERICHT
ZUBEREITUNG: 45 MINUTEN
SCHWIERIGKEIT: ✪✪✪

etwa 700 g Presa
Salz, frisch gemahlener Pfeffer
Paprikapulver, edelsüß, und
Rohrzucker oder BBQ-Gewürz
(z. B. Basic Rub auf Seite 227)
6 dicke Stangen Lauch

Für die Sauce

1 EL Weißweinessig
4 EL Erdnussöl
2 TL Senf
Salz, frisch gemahlener Pfeffer

1. Das Presa rundherum mit einer Mischung aus Salz, Pfeffer und je einer Prise Paprikapuler und Rohrzucker oder etwas BBQ-Gewürz einreiben. Auf den Grill legen und 30–40 Minuten bei etwa 180 °C indirekt grillen, bis es eine Kerntemperatur von etwa 58 °C erreicht hat.

2. Inzwischen vom Lauch die oberen grünen Teile abschneiden und entsorgen. Die Wurzeln dranlassen, sie kokeln auf dem Grill und sorgen für eine schöne Rauchnote. Die Lauchstangen auf die direkte Hitze des Grills geben und unter regelmäßigem Wenden (drei- bis viermal) grillen, bis sie weich sind. Sie können ruhig von außen schwarz werden.

3. Sämtliche Zutaten für die Sauce verrühren und mit Salz und Pfeffer abschmecken.

4. Den Lauch vom Grill nehmen und je 2 cm vom oberen und unteren Ende der Stangen abschneiden. Vom Wurzelende her mit dem Finger das Innere von jeder Stange herausschieben.

5. Den Lauch auf sechs Teller verteilen und mit Sauce beträufeln. Das Fleisch aufschneiden, auf dem Lauch anrichten und mit je einer Prise Salz und Pfeffer würzen.

Ted Reader

»Ich grille mit Napoleon-Grills praktisch so lange, wie ich in der Welt des Barbecue unterwegs bin. Und ich bin hier, um euch zu sagen: Damit wird es lecker! Der Napoleon Prestige Gemini Grill (von ca. 2012), den ihr auf dem Foto seht, und ich haben viele leckere Tage miteinander verbracht. In den letzten acht Jahren habe ich auf dieser Schönheit locker zwei bis drei Mahlzeiten pro Woche gegrillt. Egal ob eine »low'n'slow« gegrillte Porchetta oder ein »hot'n'fast« gegrilltes Steak, gemeinsam haben mein Napoleon und ich gegrillt, gesmokt und BBQ gemacht – und damit knurrende Mägen beruhigt und den Menschen ein Lächeln ins Gesicht gezaubert.

Auf keinem meiner Grills habe ich mehr gegrillt als auf diesem – und glaubt mir, ich besitze viele! Wolfgang Schroeter, der Gründer von Napoleon Grills, hat mich einmal gefragt, was ich an Napoleon-Geräten am meisten schätze. »Das ist leicht zu beantworten!«, sagte ich. »Den Wave-Grillrost aus Edelstahl.« Der wird richtig heiß, hält die Temperatur perfekt (selbst an kalten Tagen) und er macht grandiose Grillstreifen.

Ich liebe meinen Napoleon-Grill. Ich liebe alle Barbecues, aber dieses Schätzchen ist ganz oben auf meiner Liste.

#bbqfamily #itbetasty

Chef Ted Reader

www.tedreader.com
@tedgrills
@tedreaderbbqthejoint

BBQ
IT BE TASTY!

KRÄUTERROLLE
AM SPIESS

FÜR 4 PERSONEN
ZUBEREITUNG: 160 MINUTEN
SCHWIERIGKEIT: ✪✪✪

1,5 kg Bauchfleisch, ausgelöst und ohne Schwarte
500 g Wurstbrätmasse von Grillbratwürsten, roh
50 g toskanische Kräutermischung (Thymian, Rosmarin, Lorbeer, Lavendel, Bergbohnenkraut, Oregano und Salbei)
Salz
frisch gemahlener schwarzer Pfeffer

1. Das Bauchfleisch in der Mitte der Länge nach zu einer doppelten Fläche aufschneiden. Der Schnitt muss auf der geraden Seite erfolgen, dort, wo der Bauch vom Karree abgetrennt wurde.

2. Einen kleinen Teil der Wurstbrätmasse auf die Fläche geben, gut verteilen und einmassieren. Die restliche Wurstbrätmasse auftragen, wenn sich das Fett des Wurstbräts und das Bauchfleisch leicht verbunden haben.

3. Die Wurstbrätmasse mit der Kräutermischung würzen und das Fleisch zusammenrollen. Dabei auf der mageren Seite beginnen, sodass die Fleischrolle innen mager und außen fettig ist und gut gegrillt werden kann.

4. Die Rolle außen mit den Kräutern würzen, salzen und pfeffern. Nun mit einem Wurstspagat (Bindefaden für Fleisch) knüpfen. Am besten in der Mitte beginnen und dann links und rechts je einmal abknüpfen. Danach jeweils in der Mitte zwischen den Knoten abknüpfen. So entsteht ein gleichmäßiges Knüpfmuster.

5. Die Kräuterrolle vorsichtig mittig auf den Spieß schieben und mit den Spießklammern von jeder Seite fixieren. Bei 160–180 °C indirekt mit dem hinteren Brenner und einer untergestellten Tropftasse etwa 2 Stunden grillen. Die Kerntemperatur sollte 78–80 °C betragen.

OTTO
GOURMET

OTTO
GOURMET

THÜRINGER BRATWURST

FÜR 4 PERSONE
GRILLZEIT: 6 MINUTEN

2 gebrühte Thüringer Bratwürste, mind. 2 cm Durchmesser
3 Lauchzwiebeln
4 EL Frischkäse
1 TL Napoleon-Senf
½ Bund Schnittlauch, in Röllchen geschnitten
2 Scheiben Sandwichtoast
Olivenöl

1. Die Lauchzwiebeln etwa 15 Minuten indirekt grillen, sodass sie weich sind und leichte Röststellen haben. Anschließend die Lauchzwiebeln in kleine Ringe schneiden und mit dem Frischkäse, dem Senf sowie ein paar Röllchen Schnittlauch verrühren.

2. Die Bratwürste längs in der Mitte durchschneiden. Die Wurststreifen auf die Sizzle Zone legen. Durch die starke Hitze kringeln sich die Scheiben. Drei- bis viermal wenden.

3. Vom Toastbrot die Rinde abschneiden und jede Scheibe halbieren. Mit einem Nudelholz die Streifen ausrollen. Die Unterseite der gerollten Toastblätter mit Olivenöl bestreichen und aufrollen. Die Röllchen auf die Naht setzen und indirekt grillen, sodass stabile Röllchen entstehen. Die Toastbrotröllchen aufrecht in den Bratwurstkringel stellen und mit dem Lauch-Senf-Frischkäse füllen.

SCHWEINEHOCHRIPPE MIT TRÜFFEL

FÜR 4 PERSONEN ALS HAUPTSPEISE
ZUBEREITUNG: 2,5–3 STUNDEN
GEFRIERZEIT: 2–3 STUNDEN
SCHWIERIGKEIT: ✪✪✪

Für die Trüffel-Champignon-Füllung

200 g frische braune Champignons (Egerlinge)
3 Knoblauchzehen
1 Schalotte
2 Zweige frischer Thymian
½ Zweig frischer Rosmarin
2 EL Olivenöl
75 g Butter
4 Scheiben frische schwarze Trüffel, fein gehackt (alternativ: einige Tropfen Trüffelöl)
200 g Doppelrahmfrischkäse
Salz
frisch gemahlener weißer Pfeffer

Für das Fleisch

1 kg Schweinehochrippe mit Fettschicht (am Stück)

Für den Rub

(Gewürzmischung)
½ EL edelsüßes Paprikapulver
1 TL Knoblauchpulver
1 TL Zwiebelpulver
1 TL Salz
1 TL frisch gemahlener weißer Pfeffer
½ TL gemahlene Gewürznelken

1. Für die Füllung die Champignons putzen und in Scheiben schneiden. Die Knoblauchzehen und die Schalotte schälen und fein hacken. Die Thymianblättchen und die Rosmarinnadeln fein hacken. Das Olivenöl und die Butter in einer Pfanne erhitzen. Den Knoblauch und die Schalotte darin kurz farblos anschwitzen, dann die Champignonscheiben, den Thymian und den Rosmarin hinzufügen. Die Champignons etwa 5 Minuten braten, ganz kurz vor Ende der Bratzeit die Trüffelscheiben dazugeben. Den Pfanneninhalt auf ein Schneidebrett geben, in sehr kleine Stücke schneiden, in eine Schüssel geben und mit dem Frischkäse vermengen. Diese Trüffel-Champignon-Füllung mit Salz und Pfeffer würzen. Die Füllung mittig auf 1 Lage Frischhaltefolie geben. Die langen Enden der Folie hochklappen und alles zu einer Rolle mit einem Durchmesser von 3–4 cm formen. Die kurzen Enden straff verschließen, sodass ein kompaktes Bonbon entsteht, und in Alufolie wickeln. Erneut straff verschließen. Die Folienrolle einige Stunden gefrieren.

2. Einen Grill auf eine Temperatur von 150 °C erhitzen. Die Fettschicht kreuzförmig einschneiden. Mit einem scharfen Messer eine Tasche in die Mitte des Fleischs schneiden, aber das Fleisch nicht durchschneiden. Die gefrorene Füllung in die Fleischtasche geben. Die Tasche zusammendrücken und mit Holzstäbchen verschließen.

3. Für die Gewürzmischung alle Zutaten vermengen. Das Fleisch von allen Seiten mit dem Rub einreiben. Die gefüllte Schweinehochrippe in die Mitte des Grills legen. In die Mitte des Fleischs (an der dicksten Stelle) ein Fleischthermometer stecken. Das Fleisch bei indirekter Hitze (150 °C) unter geschlossenem Grilldeckel garen, bis es eine Kerntemperatur von 62 °C erreicht hat. Das Fleisch anschließend 15 Minuten ruhen lassen. Dann zwischen den Rippenknochen hindurch in dünne Scheiben schneiden und servieren.

LAMM & WILD

LAMM

Die Wissenschaft geht davon aus, dass der Vorfahre unseres heutigen Schafs das Mufflon ist. Erste Anzeichen der Domestizierung stammen aus Anatolien vor 10.000 Jahren. Anfangs wurden Schafe in erster Linie als Milch und Fleischlieferant gehalten, erst vor etwa 5.000 Jahren nutzte man auch ihre Wolle. Da Schafe als sehr robust und genügsam gelten, setzten sie sich weltweit als Haustier durch.

LAMM UND MILCHLAMM – WO LIEGT DER UNTERSCHIED?

Als Lamm wird allgemein ein nicht ausgewachsenes Hausschaf, das maximal ein Jahr alt ist, bezeichnet. Als Milchlämmer gelten Tiere bis zu einem Alter von sechs Monaten, die sich überwiegend von Muttermilch ernährt haben. Das Fleisch dieser Tiere ist zwar sehr zart, aber keineswegs geschmackvoll. Das Fleisch vom Lamm ist ebenfalls zart, hat aber wesentlich mehr Geschmack. Lammfleisch ist in Deutschland flächendeckend erhältlich. Sowohl im Großmarkt als auch im Internet oder direkt bei den Züchtern auf dem Land findet man gute Qualitäten. Wichtig ist, dass man das Schlachtalter des Lamms nachvollziehen kann, da es sonst passieren kann, dass man anstatt eines Lamms ein Jungschaf angeboten bekommt.

Lämmer unterscheidet man nach ihrer Herkunft und demzufolge auch nach ihrer Fütterung. Das Salzwiesenlamm beispielsweise wird auf den Wiesen nahe der Küste oder auf Deichen zur Deichpflege gehalten und hat durch mineralreiches Futter wie beispielsweise Salzmiere einen unvergleichlichen Geschmack. Und das Wahrzeichen der Lüneburger Heide, die Heidschnucke, zeichnet sich durch einen würzig-vollaromatischen, wildartigen Geschmack aus.

Heutzutage verfolgen Züchter der Fleischrassen zwei Ziele: durch Kreuzung verschiedener Rassen eine hohe Fleischausbeute zu erzielen und eine Rasse zu züchten, deren Empfängnisbereitschaft sich auf das ganze Jahr ausdehnt, um das wachsende Bedürfnis nach Lammfleisch stets bedienen zu können. In Deutschland spielt die Schafzucht allerdings eher eine untergeordnete Rolle. Ein Großteil des importierten Lammfleischs stammt aus Neuseeland und von den Britischen Inseln.

LAMM AUF DEM GRILL

Fast alle Teilstücke des Lamms können auf dem Grill veredelt werden. Idealerweise nimmt man die Rückenpartie, entweder in Form von Koteletts oder ausgelöst als Lammlachse und – nicht zu vergessen – die innenliegenden Filets. Oft werden in Restaurants fälschlicherweise Teile des Lammrückens als Filet angeboten. Man kann dies aber ganz leicht an der Größe erkennen: Ein Filet hat maximal den Durchmesser eines Zwei-Euro-Stücks, ein Teil aus dem Rücken ist mindestens um das zwei- bis dreifache größer. Auch Lammkeulen oder Teilstücke davon gelingen bestens auf dem Grill. Die Grillpalette erweitern zudem Spareribs vom jungen Lamm und Lammbauch, Rollbraten aus der Schulter, würzige Lammwürste wie die Merguez und Hackfleischspezialitäten wie Lamm-Cevapcici oder Köfte. Generell sollte Lammfleisch zum Grillen eine hell- bis dunkelrote Farbe aufweisen und nicht zu mager sein – idealerweise ist es von feinen Fettadern leicht durchzogen. Lammfleisch überzeugt mit seinem dezenten Eigengeschmack.

In Mittel- und Westeuropa ist ausschließlich das Fleisch von Lämmern von nennenswerter Bedeutung. Bei älteren Schafen, insbesondere bei männlichen Tieren, wird der Geschmack schon sehr intensiv. Dieses Fleisch findet auf dem deutschen Markt nur wenige Abnehmer. Wichtig ist beim Zubereiten von Lamm- oder Schaffleisch, dass es immer mit einer Temperatur über 55 °C serviert wird. Sobald das Fett kälter wird, schmeckt es unangenehm streng nach Schaf.

Auch Produkte aus Schaf- und Ziegenmilch erfreuen sich wachsender Beliebtheit und sind aus dem Portfolio von gehobener Gastronomie und ambitionierten Grillern nicht mehr wegzudenken. Ziegen und Schafe sind von ihrer Anatomie her nahezu gleich. Ziegen haben in Deutschland bislang nur eine kleine Fangemeinde, die aber ständig wächst.

1 Hals/Nacken
2 Rücken mit Lammlachs
3 Filet
4 Keule
5 Dünnung/Bauch
6 Schulter/Bug
7 Brust
8 Vorder-/Hinterhaxe

WILDBRET

Das Fleisch von Wildtieren nutzt die Menschheit seit jeher für ihre Ernährung. Wild lebende Tiere waren wichtige Eiweißlieferanten für den Menschen, bis er anfing, andere Rassen zu domestizieren.

Heute, in den Zeiten von konventioneller Tierhaltung, spielt Wild für die Ernährung unserer Gesellschaft nur noch eine untergeordnete Rolle. Doch jeder Fleischliebhaber freut sich, wenn er ein gut zubereitetes Stück Wild serviert bekommt.

Beim Thema Grillen und Wildfleisch ist weiterhin viel Aufklärungsarbeit zu leisten. Denn immer noch glaubt ein großer Teil der Bevölkerung, dass es sehr kompliziert ist, Wildfleisch zu grillen oder kurz zu braten, da es viel zu mager ist. Aus diesem Grund wird Wild nach wie vor häufig über Tage in irgendwelche Beizen und Marinaden eingelegt, bis es seinen angenehmen Wildgeschmack verloren hat. Oder das Fleisch wird so lange gebraten, geschmort oder gekocht, bis kaum noch etwas von seiner ursprünglichen Struktur und seinem Aroma übrig ist.

Diese Zubereitungstechniken sind dem Umstand geschuldet, dass früher Wildbret nicht immer frisch verfügbar war. Da passierte es des Öfteren, dass man Fleisch von älteren Tieren bekam, die nicht kühl abgehangen wurden und somit schon einen deutlichen Hautgout hatten. Heutzutage ist dies durch Kontrollen und moderne Kühlmöglichkeiten fast ausgeschlossen.

DIE ZUBEREITUNG MACHT'S

Frisches oder qualitativ vertretbares tiefgekühltes Wildfleisch zu bekommen, ist heute kein Problem mehr. Da das Fleisch sehr mager ist, besteht allerdings die Gefahr, dass es beim Grillen oder Kurzbraten schnell trocken wird. Darum ist es ratsam, die Fleischstücke durch die Zugabe von Fett von außen vor dem Austrocknen zu schützen. Ich habe schon oft – auch bei Spitzenköchen – beobachtet, dass aus diesem Grund ein aromatisch zarter Rehrücken komplett mit geräuchertem Bauchspeck eingewickelt wird. Leider erschlägt dieser Speckmantel das Wildaroma weitgehend.

Deshalb empfehle ich, mit sehr aromatischen Fremdfetten vorsichtig umzugehen. Meines Erachtens reicht es, das Fleisch während des Garens mit einem geschmacksneutralen Öl oder mit Butter, die mit Kräutern oder Pilzen aromatisiert ist, zu bestreichen. Idealerweise könnte man Fett und Fleischstücke, die beim Parieren des Fleischs anfallen (oder beim Metzger nach Fettabschnitten fragen), anbraten und dabei das Fett des Tiers auslassen. Dieses Fett, das vielleicht noch mit etwas Fremdfett gestreckt ist, eignet sich hervorragend, um das Wild beim Braten zu bestreichen.

WILD – MEHR BIO GEHT EIGENTLICH NICHT

Gegrilltes Wildfleisch ist ein Erlebnis der Extraklasse. Nicht nur Wildschwein, sondern auch Hirsch und Reh machen sich hervorragend auf dem Grill. Wildtiere leben frei im Wald und ernähren sich ausschließlich von dem, was ihnen die Natur bietet. Im Winter, wenn zugefüttert werden muss, sind nur artgerechte und naturbelassene Futtermittel zugelassen. Mehr Bio geht eigentlich nicht. Zudem ist Wild – wie schon erwähnt – sehr viel fettärmer als das Fleisch von Rind oder Hausschwein. Im Großmarkt, beim Metzger oder Wildhändler wird es zu jeder Jahreszeit angeboten. In den letzten Jahren erhöhten sich auch Importe von Wildfleisch, beispielsweise aus Neuseeland, für den europäischen Markt.

Die Hirsche wurden in Neuseeland ursprünglich von jagdbegeisterten Engländern eingeführt, damit diese auch dort ihrem Hobby nachgehen konnten. Da den Hirsch dort ideale Bedingungen und keine natürlichen Feinde erwarteten, entwickelte sich seine Population extrem, und die Tiere wurden in einigen Teilen des Landes zur Plage. Findige Züchter fanden sich zusammen und hielten die Hirsche eingezäunt auf weitläufigen Weiden. Nach idealerweise 18 Monaten und bei einem Idealgewicht von 55 kg werden die Tiere geschlachtet. Dafür werden sie teilweise mit dem Hubschrauber gejagt, aber zum Großteil gar nicht, sondern zur Schlachtung zusammengetrieben und in einem konventionellen Schlachthof verarbeitet.

Wildfleisch wird in verschiedensten Formen angeboten: als ganzes Tier, ausgenommen in der Decke (noch mit Fell), als Teilstück oder küchenfertig portioniert, wahlweise mit oder ohne Knochen.

LAMMSPARERIBS NAMIBIAN STYLE

FÜR 4 PERSONEN ALS HAUPTGERICHT
MARINIEREN: 3 STUNDEN
ZUBEREITUNG: 3 STUNDEN
SCHWIERIGKEIT: ✪✪✪

1 rote Chilischote
10 Minzeblätter
6 TL körniger Senf
6 TL Honig
Salz
frisch gemahlener Pfeffer
5 EL Olivenöl
3 TL Koriander
1 Limette
16 vorgeschnittene Spareribs vom Lamm
30 Heuschrecken

Für den Kürbis

1 Butternusskürbis
½ TL Fenchelsamen
2 TL Koriander
1 TL Cayennepfeffer
1 TL schwarze Pfefferkörner
1 TL Salz
1 Knoblauchzehe
1 TL Thymian
3 EL Butter

1. Die Chilischote in kleine Würfel schneiden. Die Minze mit dem Senf, dem Honig, 1 TL Salz, einer Prise Pfeffer, dem Olivenöl, den Chiliwürfeln, dem Koriander und etwa 1 EL Limettensaft im Mörser zu einer Marinade verarbeiten.

2. Die Rippen mit der Hälfte der Marinade bestreichen und 3 Stunden bei Zimmertemperatur marinieren. Den Grill zum Räuchern vorbereiten.

3. Die Spareribs aus der Marinade nehmen und bei 100–120 °C 1 Stunde 30 Minuten auf dem Grill räuchern. Dann in Alufolie wickeln und 1 Stunde bei gleicher Temperatur auf dem Grill garen.

4. Die Rippen aus der Folie nehmen, mit der restlichen Marinade bestreichen und erneut 20 Minuten grillen. Dabei mehrmals mit der Marinade bestreichen und wenden, um das Fleisch mit einer Glasur zu überziehen.

5. Für die Kürbisbänder den Kürbis schälen und halbieren. Das faserige Innere und die Kerne mit einem Löffel herauskratzen. Das Fruchtfleisch mit einem Gemüsehobel oder dem Messer in dünne Scheiben schneiden.

6. In einem Mörser alle Gewürze mit dem Salz, dem Knoblauch und dem Thymian zerstoßen. Die Butter dazugeben und unterrühren. Die Kürbisbänder mit der Kräuterbutter in eine Aluschale geben und 30–40 Minuten neben den Spareribs auf dem Grill garen, bis sie weich sind, aber noch nicht auseinanderfallen.

7. Die Heuschrecken einfach auf einer heißen Grillplatte grillen. Ein Butterflöckchen und etwas Salz darübergeben und knabbern.

LAMMSPIESSE NACH ART DER REGION XINJIANG

FÜR 3 PERSONEN ALS HAUPTSPEISE
ZUBEREITUNG: 30 MINUTEN
MARINIEREN: 3 STUNDEN
SCHWIERIGKEIT: ✪✪✪

Für die Spieße
500 g Lammkeule (mit Fettschicht)
30 ml Erdnuss- oder Sonnenblumenöl
30 ml Sojasauce
1 EL Maisstärke
1 EL gemahlener Kreuzkümmel
1 TL Chilipulver
1 TL Salz
1 Zwiebel

Zum Bestreuen
gemahlener Kreuzkümmel
Chilipulver nach Geschmack

1. Das Fett vom Fleisch abtrennen, das Fleisch in etwa 2 x 2 cm große Würfel schneiden, das Fett in ganz kleine Würfel schneiden. Das Öl, die Sojasauce, die Maisstärke, den Kreuzkümmel, das Chilipulver und das Salz in eine Schüssel geben und zu einer glatten Marinade verrühren. Die Zwiebel schälen, in Ringe schneiden und zu der Marinade geben. Die Fleisch- und die Fettwürfel in die Marinade legen, alles gut vermischen und 3 Stunden ziehen lassen. Anschließend die Fleisch- und Fettwürfel immer abwechselnd auf Holzspieße ziehen.
2. Den Grill auf zwei unterschiedliche Temperaturen vorheizen, dabei sollte die eine Seite 220 °C–250 °C und die andere Seite 150 °C erreichen. Auf der heißen Seite die Spieße in 4 Minuten rundum braun grillen, dabei minütlich wenden. Das Fett muss schön ausgebraten und knusprig sein. Die Spieße anschließend auf die 150 °C heiße Grillseite legen und weitere 4 Minuten garen. Die gegrillten Spieße mit gemahlenem Kreuzkümmelpulver bestreuen. Wer es scharf mag, kann nach Geschmack zusätzlich Chilipulver darüberstreuen.

LAMMKAREE MIT KRÄUTERKRUSTE

FÜR 4 PERSONEN ALS HAUPTSPEISE
ZUBEREITUNG: 45 MINUTEN
SCHWIERIGKEIT: ✪✪✪

Für das Fleisch
2 Lammkarrees (mit Fettdeckel, à 400–500 g)
grobes Meersalz
frisch gemahlener Pfeffer
2 EL scharfer Senf

Für die Kräuterkruste
1 Zweig Rosmarin
3 Zweige Thymian
½ Bund glatte Petersilie
50 g harter Schafskäse, gerieben
80 g frisches Weißbrot, gerieben
etwas Sonnenblumenöl

1. Den Grill auf eine Temperatur von 200 °C vorheizen. Den Fettdeckel der Lammkarrees mit einem scharfen Messer gitterförmig einschneiden. Das Fleisch rundherum mit Salz und frisch gemahlenem Pfeffer einreiben. Das Fleisch mit dem Fettdeckel nach unten 6–8 Minuten auf direktem Feuer grillen. Das Fleisch wenden und mit dem Fettdeckel nach oben etwa 15 Minuten auf indirektem Feuer unter geschlossenem Grilldeckel grillen.

2. In der Zwischenzeit die Kräuterkruste vorbereiten: Die Rosmarinnadeln vom Zweig streifen und fein hacken. Die Blätter von den Thymian- und Petersilienzweigen zupfen. Die Kräuter, die Weißbrotbrösel, den geriebenen Schafskäse und etwas Sonnenblumenöl in einen Mixer geben und alles zu einer grünen Paste mixen.

3. Die Lammkarrees vom Grill nehmen und mit dem Senf bestreichen. Die Kräuterpaste auf dem Fettdeckel der Lammkarrees verteilen und gut festdrücken. Das Fleisch mit der Kräuterpaste nach oben weitere 5 Minuten auf den Grill legen. Die Lammkarrees vom Grill nehmen und 5 Minuten ruhen lassen. Anschließend das Fleisch zwischen den Knochen durchschneiden. Die Lammkoteletts sofort servieren.

LAMMKEULE

FÜR 6–8 PERSONEN
ZUBEREITUNG: 110 MINUTEN
SCHWIERIGKEIT: ✪✪✪

1 frische Lammkeule mit Knochen (etwa 4 kg)

Für die Knoblauch-Kräuter-Mischung

Knoblauch-Kräuter-Gewürz nach Belieben
2 EL frischer, gehackter Rosmarin
1 EL frischer, gehackter Thymian
2 TL frisch gemahlener schwarzer Pfeffer
1 EL Salz
2 EL Dijonsenf
1 unbehandelte Zitrone, Abrieb und Saft

1. In einer Schüssel das Knoblauch-Kräuter-Gewürz mit den gehackten Kräutern mischen. Den Pfeffer, das Salz, den Senf, je zwei Esslöffel Zitronenabrieb und -saft dazugeben.

2. Mit Küchenpapier die Keule trocken tupfen und überschüssiges Fett abschneiden.

3. Die Keule mit der Knoblauch-Kräuter-Mischung einreiben. Das Fleisch 1 Stunde ruhen lassen, damit die Mischung einziehen kann und das Fleisch Raumtemperatur annimmt.

4. Die Keule bei 260 °C direkt 3 Minuten pro Seite scharf angrillen und die Temperatur auf 175 °C reduzieren. Bei geschlossenem Deckel nun indirekt 10–12 Minuten pro Seite grillen. Die Keule vom Grill nehmen, in Alufolie wickeln und noch etwa 15 Minuten ruhen lassen. Dann den Knochen entfernen und servieren.

LAMMBAUCH
MIT AIOLI

FÜR 4–6 PERSONEN ALS HAUPTGERICHT
MARINIEREN: 4 STUNDEN
ZUBEREITUNG: 150 MINUTEN
SCHWIERIGKEIT: ✪✪✪

Gussplatte

2 kg Lammbauch mit Knochen
200 ml plus einige Tropfen Olivenöl
1 TL frische Rosmarinblätter
1 TL frische Thymianblättchen
1 Knoblauchzehe, fein gehackt
Salz
frisch gemahlener Pfeffer
1 Apfel, Kerngehäuse entfernt
3 EL Apfelsaft
Außenblätter von 2 Köpfen Romanasalat
4 Scheiben Weißbrot
4 Tomaten

Für die Aioli
2 Knoblauchknollen
1 Msp. Senf
100 ml Milch (zimmerwarm)
Salz
200 ml Olivenöl

1. Den Lammbauch in drei Teile schneiden. 200 ml Olivenöl mit Rosmarin, Thymian und Knoblauch verrühren und mit Salz und Pfeffer würzen. 6 EL der Marinade beiseitestellen; den Rest in das Fleisch massieren. In einen Gefrierbeutel geben und über Nacht (mind. 4 Stunden) in den Kühlschrank legen.

2. Am nächsten Tag den Apfel in 1 cm dicke Ringe schneiden. Das marinierte Fleisch und die Apfelringe mit dem Apfelsaft und 3 EL von der beiseitegestellten Marinade auf ein Stück Alufolie geben, dieses sorgfältig zu einem Paket verschließen und für etwa 2 Stunden bei 120 °C auf den Grill legen. Alternativ kann man es 4 Stunden sous-vide im 65 °C heißen Wasser garen (siehe Seite 14). Die Gussplatte auf den Grill legen und erhitzen.

3. Für die Aioli die Knoblauchknollen zum Fleisch auf den Grill legen, bis sie leicht braun und weich sind. Vom Grill nehmen und die Wurzelenden abschneiden. Die Zehen aus der Schale drücken, mit einer Gabel zerquetschen und abkühlen lassen. Senf, Milch, Knoblauch und ½ TL Salz in einen Rührbecher geben. Mit dem Pürierstab schaumig schlagen, dabei in einem dünnen Strahl portionsweise das Öl zugeben. Die Aioli rühren, bis sie eine cremige Konsistenz hat.

4. Das Fleischpäckchen vom Grill nehmen und vorsichtig öffnen. Das Bauchfleisch von den Rippen schneiden und auf der Gussplatte von beiden Seiten grillen, bis es von außen kross ist. Die restlichen 3 EL Marinade über die Salatblätter geben und den Salat auf der Gussplatte grillen, bis er leicht braun wird. Das Weißbrot auf dem Grill toasten und eine halbierte Tomate darüberreiben. Das Brot mit einer Prise Salz und ein paar Tropfen Olivenöl würzen. Den Salat auf vier Teller geben und jeweils ein Stück Fleisch darauflegen. Je einen Klecks Aioli auf einen mitgegarten Apfelring geben. Die Tomatenhälften nach Belieben kurz grillen und zusammen mit der Aioli und dem Brot zu dem Fleisch servieren.

LAMMSCHULTER MIT ZUCKER-SCHOTEN

FÜR 4 PERSONEN ALS HAUPTGERICHT
ZUBEREITUNG: 1 STUNDE 15 MINUTEN
SCHWIERIGKEIT: ✪✪✪

1 Lammschulter (etwa 1 kg), ausgelöst
Salz
3 Knoblauchzehen
6 Sardellenfilets in Öl, abgetropft
Olivenöl
200 g Zuckerschoten
2 Zweige Rosmarin
frisch gemahlener Pfeffer
abgeriebene Schale von 1 unbehandelten Zitrone

1. Die Lammschulter rundherum leicht salzen und mithilfe eines dünnen spitzen Messers mit sechs kleinen Einstichen versehen. Die Knoblauchzehen schälen, längs halbieren und zusammen mit den Sardellenfilets in die Einschnitte stecken.

2. Das Fleisch mit Olivenöl einreiben und etwa 1 Stunde indirekt bei 120 °C grillen, bis es eine Kerntemperatur von 58 °C erreicht hat.

3. In der Zwischenzeit die Zuckerschoten in eine Schüssel geben und mit ein paar Spritzern Olivenöl vermengen. Von beiden Seiten direkt (am besten in einer Grillschale) grillen, bis sie an einigen Stellen Blasen werfen.

4. Das Fleisch vom Grill nehmen und warm stellen. Den Grill auf maximale Hitze hochheizen. Die Schulter wieder auflegen und auf jeder Seite etwa 20 Sekunden grillen, bis sich ein Grillmuster gebildet hat. Bei einem Grill mit Sizzle Zone von Napoleon kann das Fleisch sofort auf der Sizzle Zone fertig gegrillt werden.

5. Die Rosmarinnadeln sehr fein hacken und mit Salz, Pfeffer und der Zitronenschale vermischen. Die Zuckerschoten auf vier Teller verteilen, das Fleisch aufschneiden und darauf anrichten. Beides mit dem Rosmarinsalz bestreuen und mit ein paar Tropfen Olivenöl beträufeln.

LAMMRÜCKEN MIT ZUCCHINIPÜREE

FÜR 4 PERSONEN
ALS HAUPTGERICHT
MARINIEREN: 4 STUNDEN
ZUBEREITUNG: 45 MINUTEN
SCHWIERIGKEIT: ✪✪✪

2 Zweige Rosmarin
1 TL frische Thymianblättchen
2 Knoblauchzehen
Salz
5 EL Olivenöl
1 kg Lammrücken mit gleichmäßiger Fettschicht
4–8 dünne Karotten
frisch gemahlener Pfeffer

Für das Zucchinipüree

1 Zwiebel
100 ml Olivenöl
500 g Zucchini
1 TL Thymianblättchen
Salz
frisch gemahlener Pfeffer

1. Die Rosmarinblätter abzupfen. Ein paar Rosmarin- und Thymianblätter beiseitelegen. Die restlichen Kräuter mit dem Knoblauch und ½ TL Salz in einem Mörser zu einer Paste zerreiben. Das Olivenöl hinzugeben und alles zu einer Marinade verrühren.

2. Von dem Lammrücken die Fettschicht vorsichtig ablösen und wenn möglich ein Rautenmuster hineinschneiden. Kleinere Fettzuschnitte aufheben und beiseitelegen. Das Fleisch gründlich mit der Marinade einreiben und den Fettdeckel wieder auflegen. Den Lammrücken in Frischhaltefolie wickeln und für mindestens 4 Stunden in den Kühlschrank legen.

3. Das Fleisch aus dem Kühlschrank nehmen, aus der Folie wickeln und mit der Fettschicht nach oben bei etwa 100 °C 30–40 Minuten indirekt auf dem Grill garen, bis es eine Kerntemperatur von 56 °C hat. Zweimal wenden, die Fettauflage dabei immer wieder obenauf legen. Durch diese Garmethode schmilzt die Fettauflage und hält das Fleisch saftig.

4. Während das Fleisch gart, die Karotten mit den beiseitegestellten Fettabschnitten, Thymian- und Rosmarinblättern sowie je einer Prise Salz und Zucker in Alufolie wickeln. Das Gemüse für 20–30 Minuten neben dem Fleisch direkt grillen. Den indirekt gegarten Rücken rundherum direkt anbraten; dann aufschneiden, salzen und pfeffern.

5. Während Fleisch und Karotten garen, für das Zucchinipüree die Zwiebel fein würfeln und in einer Aluschale oder einem Stieltopf in dem Olivenöl anschwitzen. Die Zucchini grob darüberraspeln und mit Thymian, Salz und Pfeffer würzen. Den Topf mit einem Deckel oder die Schale mit Alufolie abdecken und die Zucchini so lange dünsten, bis sie weich sind.

6. Das Zucchinipüree mit dem Fleisch und den Karotten auf vier Tellern anrichten und nach Belieben mit etwas Rosmarin garnieren.

HIRSCHBURGER MIT GEGRILLTEN PILZEN

ERGIBT 4 BURGER
ZUBEREITUNG: 45 MINUTEN
SCHWIERIGKEIT: ✪✪✪

4 Schalotten
800 g Hirschhackfleisch (beim Metzger bestellen)
2 TL Senf
Salz
frisch gemahlener Pfeffer
1 TL Rosmarinblätter
1 TL Thymianblättchen
½ TL gemahlene Wacholderbeeren
1 TL gemahlener Koriander
4 mittelgroße Steinpilze oder große Kräuterseitlinge
1 ½ EL Butter
1 EL Zitronensaft
4 Burgerbrötchen
8 Blätter Kapuzinerkresse

Für die Cranberrysauce
(gibt's auch fertig bei Bosfood)
500 g tiefgekühlte Cranberrys
1 EL brauner Zucker
100 ml Rotwein
100 ml Cranberrysaft
Saft von ½ Orange
1 Zimtstange
½ TL Johannisbrotkernmehl

1. Für die Cranberrysauce alle Zutaten bis auf das Johannisbrotkernmehl in einen Topf geben, aufkochen und etwa 8 Minuten köcheln lassen. Den Topf vom Herd nehmen und die Zimtstange herausnehmen. Die Sauce pürieren und mit Johannisbrotkernmehl binden. Die heiße Sauce in sterilisierte Gläser füllen und diese verschließen.

2. Die Schalotten schälen und fein würfeln. Das Fleisch mit den Schalotten und dem Senf gründlich verkneten und mit Salz, Pfeffer, Rosmarin, Thymian, Wacholder und Koriander würzen. Aus der Fleischmasse vier flache Patties formen und diese etwa 20 Minuten bei 120 °C indirekt grillen. Dann die Patties weitere 5 Minuten direkt grillen, dabei etwa jede Minute wenden. Die Temperatur in den Patties mit dem Kerntemperaturthermometer kontrollieren. Sie sollte 56–62 °C betragen. Dann sind die Patties innen noch rosa.

3. Die Pilze putzen und eventuelle Verschmutzungen mit Küchenpapier abreiben. Die Pilze in nicht zu dünne Scheiben schneiden. Die Butter in einer Aluschale zerlassen. Die Pilze in der heißen Butter bei mittlerer Hitze goldbraun braten, dann mit Zitronensaft und Salz würzen.

4. Die Brötchen aufschneiden und die Schnittflächen anrösten. Die unteren Brötchenhälften mit Kresse, Pilzen, Patties und Cranberrysauce belegen, die Brötchendeckel auflegen und die Hirschburger servieren.

Rudolf Jaeger

»Grillen mit dem Napoleon-Grill – immer ein besonderes Erlebnis!«

Rudolf Jaeger ist Vize-Grill & BBQ-Europameister WBQA 2018, Grillartikelhersteller, Manager des deutschen Grillsportvereins und Teamchef des GSV Meisterschaftsteams und Veranstalter der internationalen Jack BBQ & Grill Competitions mit der Grillschule Allgäu.
Der Grillbuchautor und Herausgeber ist mehrfacher Deutscher Meister in verschiedenen Grillkategorien sowie mit dem Team des Grillsportvereins in den Top 10 der Weltrangliste, viele seiner Bücher sind Bestseller.

JACK

ROASTBEEF VOM HIRSCH

FÜR 4 PERSONEN
ZUBEREITUNG: 110 MINUTEN
SCHWIERIGKEIT: ✪✪✪

1 kg Roastbeef vom Hirsch, pariert
Salz
frisch gemahlener Pfeffer
1 Prise Steakgewürz

1. Den Hirschrücken mindestens eine Stunde vor der Zubereitung aus dem Kühlschrank nehmen, damit das Fleisch Raumtemperatur annehmen kann.

2. Das Fleisch mit Salz und frisch gemahlenem Pfeffer sowie einer Prise Steakgewürz etwa 45 Minuten vor dem Grillvorgang bestreuen.

3. Den Hirschrücken auf dem vorgeheizten Grill direkt in 8 Minuten von allen Seiten angrillen, damit ein schönes Grillmuster entsteht. Nun den Grill auf indirekte Hitze einstellen und die Temperatur auf etwa 160 °C regeln, mit einem Fleischthermometer prüfen.

4. Sobald das Fleisch etwa 52 °C Kerntemperatur erreicht hat, vom Grill nehmen. Das Roastbeef in Alufolie einschlagen (glänzende Seite nach innen). Da beim Ruhen in der Alufolie ein Temperaturanstieg von 6–8 °C möglich ist, das Fleischthermometer weiter zur Kontrolle im Fleisch lassen. Die Endtemperatur sollte zwischen 58 und 63 °C liegen.

KANINCHENRÜCKEN IM BROTMANTEL

FÜR 4 PERSONEN ALS HAUPTGERICHT
ZUBEREITUNG: 45 MINUTEN
SCHWIERIGKEIT: ✪✪✪

2 Kaninchenrücken mit Bauchlappen, küchenfertig vorbereitet
Salz
2 Kugeln Mozzarella
4 Kirschtomaten
12 EL frisch geriebener Parmesan
Paprikapulver, edelsüß
Olivenöl
15 Basilikumblätter
2 Scheiben Tramezzini; alternativ 4 Scheiben Sandwichtoast, Rinde entfernt
6 Scheiben Bacon

1. Die Innenseite der Kaninchenrücken leicht salzen. Den Mozzarella und die Tomaten in kleine Würfel schneiden. Den Parmesan dazugeben und die Mischung mit Paprikapulver und ein paar Spritzern Olivenöl würzen. Das Ganze gut vermischen. Die Fleischinnenseite mit den Basilikumblättern belegen und die Käsemischung darauf verteilen.

2. Die Tramezzinischeiben mit einem Nudelholz ausrollen, sodass sie dünner werden, und leicht überlappend auf die Arbeitsfläche legen. Den Bacon mit einem Messer auf der Arbeitsplatte ausstreichen, damit die Scheiben länger und dünner werden.

3. Das Fleisch mit der Käsefüllung aufrollen, auf die Tramezzini legen und darin straff einrollen. Dann den Speck um die Rolle wickeln und den Kaninchenrücken 30 Minuten indirekt bei 150 °C grillen.

KANINCHENKEULEN MIT KRIEK-BIER

FÜR 4 PERSONEN ALS HAUPTSPEISE
ZUBEREITUNG: 1 STUNDE 15 MINUTENN
SCHWIERIGKEIT: ✪✪✪

2 Knoblauchzehen, geschält
1 Stück frischer Ingwer (ca. 1 cm), geschält
½ rote Peperoni, von den Samen befreit
1 Stängel frisches Zitronengras
neutrales Pflanzenöl
1 Flasche Kriek-Bier (750 ml, belgisches Kirschbier)
125 ml Sojasauce
100 ml Ketjap Manis (süße Sojasauce)
200 g Palmzucker
100 g Ingwersirup
100 g eingelegte Amarena-Kirschen
8 Kaninchenkeulen (à ca. 280 g)

1. Den Knoblauch, den Ingwer, die Peperoni und das Zitronengras in Stücke schneiden und alles zusammen in etwas Pflanzenöl leicht anbraten. Dann das Kriek-Bier, die Sojasauce, das Ketjap Manis, den Palmzucker, den Ingwersirup und die feingehackten Amarena-Kirschen hinzufügen.
Das Gemisch ca. 15 Minuten lang sanft zu einer sirupartigen Melasse einkochen.

2. Den Grill auf eine Temperatur von 220 °C erhitzen. Die Kaninchenkeulen rundherum rasch schön braun grillen und anschließend mit der Marinade bestreichen. Die Kaninchenkeulen bei indirekter Hitze auf einer Temperatur von 150 °C 45 Minuten garen. Die Kaninchenkeulen alle 15 Minuten erneut mit der Marinade bestreichen. Die garen Kaninchenkeulen sofort servieren.

SPRINGBOCK-STEAKS MIT TROCKENFRÜCHTEN

FÜR 4 PERSONEN ALS HAUPTSPEISE
ZUBEREITUNG: 1,5–2 STUNDEN
SCHWIERIGKEIT: ✪✪✪

Für das Fleisch und die Marinade
1 Handvoll frische Thymianzweige
5 Wacholderbeeren
frisch gemahlener Pfeffer
Salz
3–4 EL Olivenöl
4 Springbocksteaks (à 150–180 g)

Für die Trockenfrüchtesauce
4 Schalotten
2 Knoblauchzehen
1 EL Olivenöl
100 ml roter Portwein
200 g gemischte Trockenfrüchte, 20 Minuten in heißem Wasser eingeweicht
50 g eiskalte Butterwürfel
frisch gemahlener Pfeffer
Salz
250 g frischer Bimi (Broccolini)

1. Für die Kräutermarinade die Thymianblättchen von den Zweigen zupfen und mit den Wacholderbeeren, etwas frisch gemahlenem Pfeffer und Salz in einem Mörser zerreiben. Dann das Olivenöl zugeben und alles zu einer Paste verrühren. Die Springbocksteaks mit dieser Kräuterpaste bestreichen und 1 Stunde im Kühlschrank durchziehen lassen.

2. Den Grill auf eine Temperatur von 150 °C erhitzen. Die Schalotten und die Knoblauchzehen 30–40 Minuten auf dem Grill gar rösten. Die gegrillten Schalotten schälen und in Stücke schneiden. Die Knoblauchzehen aus der Schale drücken. Das Olivenöl in einer Pfanne erhitzen. Die gerösteten Schalotten und den Knoblauch darin kurz anbraten, dann mit dem roten Portwein ablöschen. 1 Schuss Einweichwasser von den Trockenfrüchten zugeben. Alles langsam zu einer Sauce einkochen. Die eiskalte Butter in Würfeln in die Sauce geben und mit dem Schneebesen glatt rühren, bis die Sauce schön glänzt.

3. Die eingeweichten, abgetropften Trockenfrüchte fein hacken und unter die Sauce rühren. Die Sauce mit frisch gemahlenem Pfeffer und Salz abschmecken. Die Grilltemperatur auf 220 °C erhöhen. Die marinierten Springbock-Steaks 7–10 Minuten grillen, dann bis zum Anrichten unter Alufolie ruhen lassen. Den Bimi 5 Minuten auf dem Grill rösten, anschließend auf einen Teller legen. Die Springbock-Steaks in Scheiben schneiden und auf das gegrillte Gemüse legen. Dann die Trockenfrüchtesauce darüberträufeln und servieren.

REHRÜCKEN IN STEINPILZTEIG

FÜR 4 PERSONEN ALS HAUPTGERICHT
RUHEN (STEINPILZÖL): 8 STUNDEN
ZUBEREITUNG: 1 STUNDE 30 MINUTEN
SCHWIERIGKEIT: ✪✪✪

Mikrowelle, iSi Gourmet Whip

50 ml Rapsöl
30 g getrocknete Steinpilze
1 Ei, getrennt
400 g frische Steinpilze, geputzt und fein geschnitten
Salz
frisch gemahlener Pfeffer
1 EL frische Thymianblättchen
500 g Rehrücken
1 EL Butter
2 EL fein gewürfelte Schalotten
2 TL gehackte glatte Petersilie

Für die Rosmarinäpfel
1 walnussgroßes Stück Ingwer
4 Äpfel (beispielsweise Boskop)
4 Rosmarinzweige

1. Das Rapsöl mit den fein geschnittenen Steinpilzen in den iSi Whip geben und diesen mit zwei N^2O-Patronen bestücken. Den iSi mindestens 8 Stunden aufrecht bei Raumtemperatur stehen lassen, dann den Druck langsam ablassen. Dabei ein Küchentuch vor die Öffnung halten.

2. Den Gourmet Whip öffnen und das Steinpilzöl durch ein Sieb in ein Rührgefäß gießen. 1 EL frische Steinpilze und das Eiweiß hinzufügen. Mit dem Pürierstab zu einer Emulsion verarbeiten (das Eiweiß darf nicht steif werden) und auf einen flachen, großen Teller geben, sodass dieser damit überzogen ist. Für etwa 50 Sekunden bei 900 Watt in die Mikrowelle stellen, bis aus der Emulsion eine Art Pfannkuchen geworden ist. Diesen vorsichtig vom Teller lösen, auf Frischhaltefolie legen, salzen, pfeffern und mit Thymian bestreuen.

3. Den Rehrücken auf dem heißen Grill oder der Gussplatte direkt von allen Seiten anbraten. Vom Grill nehmen, mit Salz und Pfeffer würzen, auf den Eiweißpfannkuchen legen und mithilfe der Frischhaltefolie vorsichtig darin einwickeln. Die Naht mit Eigelb einpinseln und versiegeln. Das Fleisch mit dem Teig rundherum hellbraun anbraten. Das Öl tritt aus dem Teig aus und er wird knusprig. Dann die Temperatur auf 100–120 °C reduzieren und das Fleisch auf dem Grill etwa 20 Minuten ziehen lassen, bis es eine Kerntemperatur von 58 °C hat. In der zerlassenen Butter die Schalotten anschwitzen. Die restlichen frischen Steinpilze dazugeben, durchschwenken, mit Pfeffer und Salz würzen und mit der Petersilie abrunden.

4. Für die Rosmarinäpfel den Ingwer schälen und in Stifte schneiden. Die Äpfel mit den Rosmarinzweigen und den Ingwerstiften spicken und mit dem Räucherbeutel für 30–40 Minuten bei 120 °C auf den Grill legen, bis sie weich sind. Den Rehrücken in vier Stücke schneiden und mit den Steinpilzen und Bratäpfeln auf vier Tellern anrichten.

GEMÜSE & VEGETARISCHES

VEGETARISCH

Gemüse ist heutzutage nicht mehr vom Grill wegzudenken – ob als geschmackvolle Beilage zu Fisch oder Fleisch oder als komplett vegetarischer Hauptgang. Die vegetarische Ernährung ist längst salonfähig geworden. Nicht wenige Menschen bevorzugen gegrilltes Gemüse, Pilze oder Salat als herzhaftes Hauptgericht und Früchte als Dessert – aus ethischen oder auch aus rein geschmacklichen Gründen. Jedoch ist bei vielen konservativen Grillern Gemüse auf dem Rost eine Seltenheit. Sie legen fast schon mit Widerwillen ein in Alufolie gewickeltes Gemüsepäckchen auf den Grill. Gemüsespieße, die nach bunten Farben und nicht nach Garzeiten zusammengewürfelt wurden, oder ähnliches nicht unter Alufolie verstecktes Gemüse behandeln sie wie Fremdkörper auf dem Grill. Im Gegensatz dazu habe ich bei Veranstaltungen auch schon für Vegetarier gegrillt, die nichts von einem Grill essen wollten, auf dem Fleisch gelegen hat. Für solche Fälle habe ich immer eine neue Grillzange und Alugrillschalen dabei.

FLEISCHLOSE KOST VOM GRILL IST EIN MUSS

Da ein Caterer, ein Gastronom oder der fortschrittliche Griller davon ausgehen muss, dass bei jeder Veranstaltung 8 % Vegetarier zu Gast sind, kommt man um fleischlose Kost vom Grill nicht mehr herum – ich rede hier nicht von Kartoffel- oder Nudelsalat und ein paar Gemüsepäckchen. Auch die stetig steigende Zahl der Flexitarier, diejenigen, die ihren Fleischkonsum einschränken möchten, verlangt nach vegetarischen Alternativen vom Grill.
Das erfordert von uns Grillern ein Umdenken. Ich muss ehrlich zugeben: Als ich mich an das vegetarische Kapitel für dieses Buch setzte, fiel es mir anfangs ein wenig schwer, Ideen zu entwickeln. Aber die Lust, fleischloses Grillgut zuzubereiten, und der Appetit darauf, stiegen bei jedem Probegrillen. Da ich zu den Every-Day-Grillern zähle – na ja, nicht jeden Tag, aber sehr oft –, war es für mich zwar alltäglich, Obst und Gemüse auf dem Grill zuzubereiten, aber meistens lief das mehr nach dem Motto »Kühlschrankaufräumen« und »frei Schnauze von allem etwas« ab.

ÜBERRASCHUNGEN GARANTIERT

Für ein Buch spezielle vegetarische Rezepte schreiben zu müssen, ging mir nicht so leicht von der Hand wie das Kreieren von Fleisch- und Fischrezepten. Ich habe mich im Internet und von Spitzenköchen wie Nils Henkel und Michael Hoffmann inspirieren lassen und entdeckte, dass man mit Gemüse und Obst vom Grill kulinarische Überraschungen erleben kann. Vermieden habe ich, Produkte wie Tofu, Seitan oder Tempeh in den Rezepten einzusetzen. Warum sollte es beim Zubereiten eines vegetarischen Gerichts das Ziel sein, Fleisch in Aussehen, Geschmack und Textur zu simulieren? Eine Ausnahme gibt es: Bei meinem ToMeato-Burger war es volle Absicht. Bitte verstehen Sie mich nicht falsch: Natürlich haben Produkte wie Tofu in der vegetarischen Küche als Eiweißlieferant durchaus ihre Berechtigung, aber ein fortschrittlicher Griller sollte an sich den Anspruch haben, Produkte der Saison zu verarbeiten. Aufgrund des stets verfügbaren reichhaltigen Angebots ist es kein Problem, das ganze Jahr über Spargel, Zucchini und Ähnliches auf den Grill zu legen, aber für mich besteht die Herausforderung darin, mit Steckrübe, Wirsing und Schwarzwurzeln in den Herbst- und Wintermonaten etwas Ansprechendes und Geschmackvolles vom Grill auf den Teller zu bringen.
Verschiedene Techniken abseits vom Grill bereichern den Geschmack und erweitern die Palette der vegetarischen Gerichte enorm. Beispielsweise bringt das leichte Trocknen von Gemüse den natürlichen Eigengeschmack viel besser zur Geltung. Das Entsaften von gegrilltem Salat oder Spargel als Sauce steuern köstliche Nuancen bei. Das Infundieren von Ölen (Kräuter in Öl einlegen), das Arbeiten mit einem Püree aus gegrillten Produkten und das Sous-vide-Garen mit anschließendem Grillen sorgen bei zahlreichen Gerichten für den entscheidenden Unterschied. Dann wird das bisschen Gemüse auf dem Grill zum Gericht der Spitzenklasse.

SAISONKALENDER

F = Frisch L = Lagerware

	Jan	Feb	März	April	Mai	Juni	Juli	Aug	Sept	Okt	Nov	Dez
Obst												
Äpfel	L	L	L	L	L		F	F	F	F	F	L
Aprikosen							F	F				
Birnen	L							F	F	F	F	L
Brombeeren							F	F	F	F		
Cranberrys	F								F	F	F	F
Erdbeeren				F	F	F	F	F				
Heidelbeeren						F	F	F	F	F		
Himbeeren						F	F	F	F	F		
Kirschen						F	F	F	F	F		
Mirabellen							F	F	F	F		
Pfirsiche							F	F				
Pflaumen							F	F	F	F		
Preiselbeeren								F	F	F		
Renekloden							F	F				
Trauben								F	F	F		
Zwetschgen							F	F	F	F		
Gemüse												
Aubergine						F	F	F	F	F		
Blumenkohl				F	F	F	F	F	F	F	F	F
Brokkoli				F	F	F	F	F	F	F	F	F
Chinakohl	L	L	L	L	F	F	F	F	F	F	F	L
Dicke Bohnen					F	F	F	F	F			
Erbsen						F	F	F	F	F		
Fenchel						F	F	F	F	F	F	
Frühlingszwiebeln				F	F	F	F	F	F	F	F	
Gemüsemais							F	F	F	F	F	
Grüne Bohnen					F	F	F	F	F	F		
Grünkohl	F	F	F							F	F	F
Herbstrübe	L	L	L					F	F	F	F	L
Karotten	L	L	L	L	L	F	F	F	F	F	L	L
Kartoffeln	L	L	L	L	L	F	F	F	F	F	L	L
Knoblauch	L	L	L	L	L	L	F	F	F	L	L	L
Knollensellerie	L	L	L	L	L	L	F	F	F	F	F	L
Kohlrabi					F	F	F	F	F	F	F	F
Kürbis	L	L	L					F	F	F	F	L
Lauch	F	F	F	F	F	F	F	F	F	F	F	F
Mangold						F	F	F	F	F	F	

	Jan	Feb	März	April	Mai	Juni	Juli	Aug	Sept	Okt	Nov	Dez
Meerrettich	F	F	F	F	L	L	L	L	F	F	F	F
Pak Choi						F	F	F	F	F	F	
Paprika						F	F	F	F	F	F	
Pastinake	F/L	F/L	F/L	F/L					F	F	F	F
Radieschen				F	F	F	F	F	F	F	F	
Rettich				F	F	F	F	F	F	F	F	
Rhabarber			F	F	F	F						
Romanesco				F	F	F	F	F	F	F	F	F
Rosenkohl	F	F	F						F	F	F	F
Rote Bete	L	L	L	L	L	F	F	F	F	F	F	L
Rotkohl	L	L	L	L	F	F	F	F	F	F	F	F
Salatgurken				F	F	F	F	F	F	F		
Schmorgurken					F	F	F	F	F			
Schwarzwurzel	F/L	F/L	F/L	F/L					F	F	F	F/L
Spargel				F	F	F						
Spinat				F	F	F	F	F	F	F	F	
Spitzkohl	L	L			F	F	F	F	F	F	F	F
Stangensellerie					F	F	F	F	F	F	F	
Steckrübe	L	L	L						F	F	F	F
Tomaten				F	F	F	F	F	F	F		
Topinambur	F	F	F	F	F					F	F	F
Weißkohl	L	L	L	L	L	F	F	F	F	F	F	F
Winterrettich	F	F								F	F	F
Wirsing	F/L	F/L	L	F	F	F	F	F	F	F	F	F/L
Zucchini						F	F	F	F	F		
Zwiebeln	L	L	L	L	L	F	F	F	F	F	L	L
Salat												
Chicorée	F	F	F	F	F	F	F	F	F	F	F	F
Eichblattsalat				F	F	F	F	F	F	F		
Eisbergsalat				F	F	F	F	F	F	F		
Endivien, Frisée				F	F	F	F	F	F	F	F	F
Feldsalat	F	F	F	F					F	F	F	F
Kopfsalat				F	F	F	F	F	F	F		
Lollo Rosso, Bionda				F	F	F	F	F	F	F		
Radicchio	L	L				F	F	F	F	F	F	L
Romana				F	F	F	F	F	F	F		F
Rucola			F	F	F	F	F	F	F	F	F	
Zuckerhut	F	F	F							F	F	F

KÄSE-GRILLSCHEIBEN

FÜR 4 PERSONEN
ZUBEREITUNG: 60 MINUTEN
SCHWIERIGKEIT: ✪✪✪

250 g Knödelbrot (alternativ Brötchen vom Vortag)
125 ml Milch
2–3 Eier
1 Zwiebel, gehackt
50 g Butter
Petersilie, gehackt
½ TL Kümmel
250 g Hartkäse (Graukäse oder Bergkäse)
etwa 30 g Mehl
Sonnenblumenöl
frisch geriebener Parmesan
zerlassene Butter

1. Das Knödelbrot salzen. Die Eier und die Milch verquirlen, über das Brot geben. Dann durchmischen und ziehen lassen.

2. Die Zwiebel in der Butter anrösten und mit der Petersilie und dem Kümmel zum Brot geben.

3. Den Käse fein reiben und dazugeben. Die Masse mit dem Mehl binden und nochmals etwa 10 Minuten ziehen lassen.

4. Auf dem Grill eine Napoleon-Gussplatte mit Öl einpinseln und die Platte erhitzen. Aus der Knödelmasse Scheiben formen, flach drücken und auf die heiße Gussplatte geben. Die Brotscheiben auf beiden Seiten knusprig braun grillen.

5. Mit zerlassener Butter und Parmesan servieren. Dazu passt Sauerkraut oder ein frischer Salat.

KÜRBIS-QUESADILLAS

FÜR 8 PERSONEN ALS VORSPEISE
ZUBEREITUNG: 30 MINUTEN
SCHWIERIGKEIT: ✪✪✪

1 Butternusskürbis
Salz
3 EL Olivenöl
200 g eingelegte Jalapeños
1 rote Chilischote
4 Tortillas (18 cm Durchmesser)
200 g Cheddar, frisch gerieben

1. Den Kürbis schälen, halbieren, von den Fasern und Kernen befreien, in 1 cm dicke Scheiben schneiden und leicht salzen. Die Scheiben 20 Minuten bei 160 °C indirekt grillen, bis sie weich sind. Den Kürbis mit dem Olivenöl in eine Schüssel geben und mit einer Gabel zerdrücken.

2. Die Jalapeños abtropfen lassen und in 5 mm breite Ringe schneiden. Die Chilischote längs aufschneiden, von den Kernen befreien und fein würfeln; unter die Jalapeño-Ringe mischen.

3. Die Kürbismasse etwa 1 cm dick auf zwei Tortillas verstreichen, die Chili-Mischung darüber verteilen und den Cheddar gleichmäßig daraufstreuen. Die beiden Tortillas mit den beiden verbliebenen belegen und leicht zusammendrücken.

4. Die Quesadillas direkt von jeder Seite 3–5 Minuten grillen, bis der Käse zerlaufen ist. Aufpassen, dass sie nicht schwarz werden.

TOMEATO-BURGER

FÜR 4 PERSONEN
TROCKNEN: 4 STUNDEN
ZUBEREITUNG: 20 MINUTEN
SCHWIERIGKEIT: ✪✪✪

Gussplatte

4 große Ochsenherztomaten
Salz
1 Gemüsezwiebel
frisch gemahlener Pfeffer
100 ml BBQ-Sauce
1 EL Olivenöl
4 Burgerbrötchen
100 g Parmesan, in Späne gehobelt
2 EL frisch gehacktes Koriandergrün

1. Von den Tomaten an der Ober- und Unterseite jeweils einen 1–2 cm dicken Deckel abschneiden.

2. Die Tomaten leicht salzen. Einen Backrost auf ein Backblech legen. Die Tomaten nebeneinander darauflegen und in den Backofen schieben. Die Backofentür einen Spaltbreit öffnen, den Ofen auf 60 °C Umluft schalten und die Tomaten trocknen, bis sie noch maximal 2 cm hoch sind. Das Trocknen dauert etwa 4 Stunden. Wer ein Dörrgerät besitzt, kann die Tomaten auch darin trocknen.

3. Die Gemüsezwiebel in dünne Ringe schneiden und auf der Gussplatte oder in einer Aluschale auf dem Grill anbräunen. Danach leicht pfeffern. Die BBQ-Sauce in eine Aluschale geben und auf dem Grill erwärmen.

4. Die getrockneten Tomaten mit Olivenöl bestreichen und von beiden Seiten grillen. Die Brötchenhälften auf dem Grill leicht rösten. Die untere Hälfte eines jeden Brötchens mit warmer BBQ-Sauce bestreichen. Die Tomaten darauflegen und darauf die Zwiebeln, den gehobelten Parmesan und das Koriandergrün verteilen.

Schon gewusst?

Tomaten enthalten von Natur aus Glutamat, und dies konzentriert sich beim Trocknen in der Frucht. Glutamat sorgt für den sogenannten Umami-Geschmack in Lebensmitteln. Umami wird als der fünfte Geschmackssinn bezeichnet und steht für fleischige, herzhafte Aromen (siehe Seite 15). Diese fleischigen, herzhaften Aromen sind auch der Grund, warum der Burger ToMeato-Burger heißt, denn im ersten Moment schmeckt man gar nicht, dass man in einen Veggie-Burger beißt.

PORTOBELLO-BURGER

FÜR 4 PERSONEN ALS HAUPTGERICHT
MARINIEREN: 30 MINUTEN
ZUBEREITUNG: 30 MINUTEN
SCHWIERIGKEIT: ✪✪✪

8 große Champignons (Portobellos)
200 ml Sojasauce
1 Fladenbrot
1 große Tomate
100 g Schafskäse (Feta)
5 EL Frischkäse
2 TL frische Thymianblättchen
2 TL fein geschnittene glatte Petersilie
Salz
frisch gemahlener Pfeffer
3 EL Olivenöl
4 EL Kresse (vorzugsweise Kapuzinerkresse)

1. Die Champignons putzen und die Stiele entfernen. Die Hüte mit der Unterseite nach oben auf eine Platte legen und in jeden Hut 1 EL Sojasauce geben. Die Pilze zum Marinieren für mindestens 30 Minuten beiseitestellen.

2. Aus dem Fladenbrot mit einem Ring mit 10 cm Durchmesser »Burgerbrötchen« ausstechen. Die Brötchen horizontal halbieren und die Schnittflächen auf dem Grill leicht rösten.

3. Die Tomate in 1–2 cm dicke Scheiben schneiden und ebenfalls auf dem Grill angrillen. Die überschüssige Sojasauce aus den Pilzen abgießen. Die Pilze ebenfalls von beiden Seiten leicht grillen, währenddessen immer wieder platt drücken.

4. Den Feta klein würfeln und mit 1 EL Frischkäse cremig rühren. Die Frischkäse-Feta-Mischung dünn auf die Innenseite der Pilze streichen und jeweils zwei Pilze mit den Innenseiten aufeinanderlegen.

5. Den restlichen Frischkäse mit den Kräutern verrühren und mit Salz und Pfeffer würzen. Die Tomatenscheiben salzen und pfeffern und mit Olivenöl bestreichen. Zuerst die Tomaten und dann die zusammengeklappten Pilze auf die unteren Hälften der Burgerbrote legen. Die Pilze mit dem Kräuter-Frischkäse bestreichen und die Kresse darauf verteilen. Die Brötchendeckel auflegen und die Burger servieren.

Schon gewusst?
Portobello ist die Bezeichnung für einen großen Zuchtchampignon aus der Familie der Egerlinge. Weltweit ist er einer der meistangebauten Speisepilze.

GEGRILLTER SPARGEL MIT SAUCE HOLLANDAISE

FÜR 4 PERSONEN ALS VORSPEISE
ZUBEREITUNG: 45 MINUTEN
SCHWIERIGKEIT: ✪✪✪

Für die Sauce Hollandaise
½ Schalotte
1 Knoblauchzehe
200 ml trockener Weißwein
100 ml Weißweinessig
1 Lorbeerblatt
200 ml Wasser
5 weiße Pfefferkörner
250 g Butter
3 Eigelb
Salz

Für den Spargel
12 Stangen frischer weißer Spargel
Sonnenblumenöl zum Bestreichen
Salzflocken

Die trüben, weißen Bestandteile der Butter nicht verwenden.

1. Den Grill auf eine Temperatur von 150 °C vorheizen. Die Schalotte und die Knoblauchzehe schälen und fein hacken. Die Schalotte, den Knoblauch, den Weißwein, den Weißweinessig, das Wasser, das Lorbeerblatt und die grob zerstoßenen Pfefferkörner aufkochen und auf die Hälfte einkochen. Den reduzierten Fond (auch Gastrique genannt) durch ein feines Sieb passieren und auf mindestens 50 °C abkühlen lassen. Die Gastrique bis zum Zubereiten der Sauce Hollandaise warm halten.

2. Die Butter in einem Topf schmelzen, dann beiseitestellen. Anschließend die feste Schicht an der Oberfläche mit einem Löffel abtragen und den klaren Teil der Butter in ein Schälchen abgießen – dies ist geklärte Butter.

3. Die Spargelstangen schälen und die harten Enden abschneiden. Den geschälten Spargel ganz leicht mit Sonnenblumenöl bestreichen. Auf den heißen Grill einen gusseisernen Rost auflegen. Die Spargelstangen darauf 12–15 Minuten rundum braun grillen.

4. Kurz bevor der Spargel fertig ist, die Sauce Hollandaise fertig machen: Die Eigelbe in eine Metallschlagschüssel gleiten lassen und mit 100 ml Gastrique glatt rühren. Die Schüssel auf ein heißes Wasserbad stellen und das Gemisch mit einem Schneebesen unter ständigem Rühren luftig aufschlagen und erhitzen. Das Gemisch nicht zu stark erhitzen, sonst entsteht Rührei. Die Schüssel vom Wasserbad nehmen und die schaumige Creme noch kurz weiterrühren. Dann in einem dünnen Strahl die geklärte Butter hineinfließen lassen, dabei ständig mit dem Schneebesen rühren, bis eine Emulsion entstanden ist. Die Sauce Hollandaise mit Salz abschmecken.

5. Die Spargelstangen mit Salzflocken bestreuen. Die Sauce dazu reichen.

BLUMENKOHL

FÜR 4 PERSONEN ALS HAUPTGERICHT
ZUBEREITUNG: 45 MINUTEN
SCHWIERIGKEIT: ✪✪✪

1 Blumenkohl
4 frische Knoblauchzehen
2 TL Paprikapulver, edelsüß
½ TL frisch gemahlener weißer Pfeffer
2 EL Butter
1 Bund Petersilie
100 g Walnusskerne
4 Scheiben Gouda
1 EL in feine Fäden geschnittene rote Chilischote

1. Den Blumenkohl waschen und die Blätter abschneiden. Die Knoblauchzehen schälen, der Länge nach vierteln und zwischen die Blumenkohlröschen stecken. Den Blumenkohl mit dem Paprikapulver und dem Pfeffer bestauben und Butterflöckchen darauf setzen.

2. Den Kohl in Alufolie wickeln und für 20 Minuten bei 200 °C indirekt auf den Grill legen.

3. Die Petersilie klein schneiden, die Walnusskerne hacken und beides vermischen. Den Kohl vom Grill nehmen und die Alufolie entfernen. Den Kohl mit den Käsescheiben belegen und weitere 10 Minuten grillen, bis der Käse zerlaufen ist.

4. Den Blumenkohl auf einen Servierteller geben und mit der Walnuss-Petersilie bestreuen. Mit Chilifäden dekorieren.

Statt der Butter kann man – für die Nicht-Vegetarier – 10 Scheiben Lardo oder dünne Speckscheiben auf den Blumenkohl legen.

KAROTTEN-HOTDOG

FÜR 4 PERSONEN ALS HAUPTGERICHT
ZUBEREITUNG: 30 MINUTEN
SCHWIERIGKEIT: ✪✪✪

4 Karotten (von der Größe eines Würstchens, gerne in verschiedenen Farben)
Salz
4 Hotdog-Brötchen
100 g Coleslaw
1 rote Zwiebel (nach Belieben)
2 EL Röstzwiebeln (nach Belieben)

Für den Würzsenf
2 Äpfel
½ TL geriebener Ingwer
2 EL Zuckerrübensirup
2 EL körniger Senf

1. Am Vortag die Karotten schälen, leicht salzen, in einen Gefrierbeutel füllen und tiefkühlen. Am nächsten Morgen die Karotten aus dem Gefrierfach nehmen und bei Raumtemperatur auftauen lassen – sie sollten jetzt weicher sein.

2. Die Äpfel für den Würzsenf fein reiben und mit den anderen Zutaten verrühren.

3. Die Karotten wie Würste direkt grillen, bis sie heiß sind. Die Brötchenhälften auf dem Grill leicht toasten.

4. Den Coleslaw auf den unteren Brötchenhälften verteilen, je eine Wurstkarotte darauflegen und mit Würzsenf bestreichen. Wer mag, kann jeden Hotdog noch mit etwas klein geschnittener roter Zwiebel und Röstzwiebeln krönen. Den Brötchendeckel auflegen und servieren.

Coleslaw, der amerikanische Krautsalat, wird mit einem cremigen Dressing aus Mayonnaise und/oder Joghurt angemacht und ist dadurch saftiger und cremiger als die bei uns übliche Variante.

GEGRILLTE AUBERGINE

FÜR 2 PERSONEN ALS HAUPTSPEISE
ZUBEREITUNG: 60–75 MINUTEN
SCHWIERIGKEIT: ✪✪✪

1 türkische Spitzpaprika
1 Aubergine
Olivenöl zum Bestreichen
2 Zweige Koriander
1 unbehandelte Zitrone
1 Msp. gemahlener Kreuzkümmel
1 Msp. gemahlener Zimt
100 g türkischer Joghurt
Salz
frisch gemahlener Pfeffer

1. Den Grill auf eine Temperatur von 160 °C heizen. Die Spritzpaprika bei direkter Hitze grillen, bis die Haut schwarz wird. Die gegrillte Spitzpaprika vom Grill nehmen und abkühlen lassen. Anschließend die Haut abziehen, den Stielansatz und die Samen entfernen. Die Paprikafilets in schmale Streifen schneiden und beiseitestellen.

2. Die Aubergine der Länge nach halbieren. Die Auberginenhälften rundherum mit Olivenöl bestreichen und mit den Schnittflächen nach unten auf den heißen Grill legen. Die Schnittflächen 2 Minuten direkt über den Kohlen (oder über der Gasflamme) grillen. Die Aubergine dann bei indirekter Hitze unter geschlossenem Grilldeckel 20–30 Minuten garen, bis das Fruchtfleisch ganz weich ist. Die Auberginenhälften während des Grillens 2-mal wenden. Die gegrillten Auberginenhälften vom Grill nehmen. Das heiße, weiche Fruchtfleisch mit einem Löffel aus den Schalen heben. Dabei die Schalen nicht verletzen und einen 1 cm dicken Rand lassen. Das Auberginenfleisch fein zerdrücken, dann mit den Spitzpaprikastreifen in eine Schüssel geben.

3. Die Korianderblätter von den Zweigen zupfen, fein schneiden und zugeben. Die Zitrone heiß waschen, trocknen, die Schale fein abreiben und zu den Auberginen geben. Den Kreuzkümmel und den Zimt darüberstreuen. Zum Schluss den Joghurt darübergeben und alles gut vermengen. Die Auberginencreme mit Salz und frisch gemahlenem Pfeffer abschmecken. Die ausgehöhlten Auberginenhälften leicht salzen und mit der Auberginencreme füllen. Die gefüllten Auberginen auf dem heißen Grill nochmals erhitzen.

Andreas Rummel

»Das wichtigste beim Grillen ist für mich, dass man seine Kreativität nicht bremst. Man muss nicht unbedingt Gäste einladen, um einen Grund fürs Grillen zu haben. Wer ein guter Grillmeister werden will, schafft das nicht, wenn er nur im Sommer alle zwei Wochen den Grill anschmeißt. Ein Sportler muss auch oft und regelmäßig trainieren, um Erfolg zu haben. Darum gilt das Motto learning by burning.«

Der international anerkannte Grillexperte Andreas Rummel tourt seit zehn Jahren rund um die Welt und durch TV-Shows aller Art. 200-mal im Jahr steht er am Grill, u. a. bei BBQ-Seminaren, Grillshows, Messen und privaten Veranstaltungen. Dabei vermittelt er Tipps und Tricks zum kreativen Grillen an ein faszinertes Publikum und räumt zahlreiche Irrtümer und Vorurteile zum Thema Grillen aus dem Weg. Regelmäßig tauscht sich der Meistergriller mit Spitzenköchen über die neuesten Lebensmittel und Zubereitungstechniken aus und verwandelt alle erdenklichen Fleisch- und Fischarten, Gemüse, Früchte, Teig- und Eierspeisen in köstliches Grillgut. Stetig auf Innovationen setzend und nach Trends suchend, probiert Andreas Rummel immer wieder neue Produkte und entwickelt daraus raffinierte Rezepte.

RATATOUILLE

FÜR 4 PERSONEN ALS BEILAGE
ZUBEREITUNG: 45–60 MINUTEN
SCHWIERIGKEIT: ✪✪✪

1 gelbe Paprikaschote
1 grüne Paprikaschote
½ Aubergine
Salz
1 Zwiebel
Olivenöl
2 Tomaten
2 Knoblauchzehen
2 Zweige Basilikum
2 Zweige Thymian
frisch gemahlener Pfeffer
1 EL Rotweinessig
1 Zucchini

1. Den Grill auf eine Temperatur von 200 °C erhitzen. Die gelbe sowie die grüne Paprikaschote direkt in die Kohlen legen, bis die Schale beginnt, schwarz zu werden. Die Paprikaschoten dabei alle paar Minuten wenden. Die geschwärzten Paprikaschoten herausnehmen und abkühlen lassen.

2. Die Aubergine in etwa 1 cm dicke Scheiben schneiden und diese mit Salz bestreuen. Nach 5 Minuten die abgegebene Flüssigkeit mit Küchenpapier abtupfen. Die Zwiebel schälen und in etwa 5 mm dicke Ringe schneiden. Die Auberginenscheiben und die Zwiebelringe mit etwas Olivenöl bepinseln. Diese 8–10 Minuten bei einer Temperatur von 200 °C rösten. Dann vom Grill nehmen, in Würfel schneiden und in eine große Schüssel geben.

3. Die schwarz verbrannte Haut von den Paprikaschoten abziehen. Die Kerne herausnehmen und das Fruchtfleisch in Würfel schneiden. Die Paprikawürfel in die Schüssel zu den Auberginen und Zwiebeln geben. Die Tomaten in kleine Würfel schneiden und zu dem Gemüse in der Schüssel geben. Die Knoblauchzehen schälen, sehr fein hacken und über das Ratatouille geben. Die Basilikumblätter und die Thymianblättchen klein hacken. Die Kräuter zu dem Gemüse geben. Das Ratatouille vorsichtig vermischen und mit frisch gemahlenem Pfeffer, Salz und Rotweinessig abschmecken.

4. Die Zucchini längs in 2–3 mm dünne Scheiben schneiden und salzen. Nach 5 Minuten die ausgetretene Flüssigkeit abtupfen. Die Zucchinistreifen mit Olivenöl bestreichen, auf den heißen Grillrost legen und bei hoher Hitze grillen. Nach ca. 2 Minuten die Zucchinistreifen vom Grillrost lösen, um 45 Grad drehen und auf derselben Seite erneut grillen. (So entsteht ein dekoratives Rautenmuster.) Die Zucchinistreifen nicht wenden, sondern sofort vom Grill nehmen. Jeden gegrillten Zucchinistreifen mit dem Rautenmuster nach außen zu einem Zylinder aufrollen. Die Enden mit einem kleinen Holzspieß fixieren. Diese Zylinder mit der Öffnung nach oben in eine Aluminiumschale stellen. Das Ratatouille einfüllen. Vor dem Servieren kurz bei einer Temperatur von 150–180 °C erhitzen.

FOLIENGEMÜSE

FÜR 4 PERSONEN
ZUBEREITUNG: 50 MINUTEN
SCHWIERIGKEIT: ✪✪✪

250 g frische oder gefrorene Erbsen, geschält
500 g kleine Zucchini, längs halbiert, diagonal in 2,5 cm dicke Scheiben geschnitten
250 g dünnen Spargel, in 2,5 cm dicke Stücke geschnitten
16 Schalotten, geschält, halbiert
12 Shiitake-Pilze, halbiert oder geviertelt
4 Zehen Knoblauch
60 ml Apfelessig
45 ml Olivenöl extra vergine
2 EL frische Kräuter, gehackt
(Thymian, Rosmarin, Oregano, Basilikum etc.)
Meersalz
frisch gemahlener schwarzer Pfeffer

1. Alle Zutaten in einer großen Schüssel vorsichtig vermengen und das Olivenöl gleichmäßig darüber verteilen.

2. Das Gemüse auf eine ausreichend lange Alufolie legen und diese zu einer Tüte gut verschließen. Das Paket indirekt bei geschlossenem Deckel 16–18 Minuten grillen. Dabei das Ganze ein- bis zweimal wenden.

BEILAGEN

MOZZARELLA-STICKS

FÜR 8–12 FINGERFOOD-PORTIONEN
ZUBEREITUNG: 20 MINUTEN
SCHWIERIGKEIT: ✪✪✪

4 Scheiben Sandwichtoast
1–2 schnittfeste Mozzarellarollen, gut gekühlt
½ TL Cayennepfeffer (oder Thai Seven Spices)
4 Scheiben Bacon (Frühstücksspeck)
100 ml BBQ-Sauce (oder Bone Suckin Sauce Regular)

1. Das Brot entrinden und mit einem Nudelholz dünn ausrollen. Den Mozzarella in vier Streifen schneiden, leicht mit dem Cayennepfeffer oder Thai-Gewürz bestreuen und straff in das ausgerollte Tramezzini-Brot wickeln.

2. Die Baconstreifen auf einem Schneidbrett leicht ausstreichen und das Brot darin straff einwickeln.

3. Die Sticks unter mehrfachem Wenden bei mittlerer Hitze indirekt grillen, bis der Bacon kross wird.

4. Zum Schluss den Bacon mit der BBQ-Sauce oder Bone Suckin´Sauce glasieren und weitere 5 Minuten bei geöffnetem Deckel grillen. Zum Servieren die Mozzarellasticks in mundgerechte Stücke schneiden.

ITALIENISCHER BROTSALAT

FÜR 12 KLEINE PORTIONEN
ZUBEREITUNG: 30 MINUTEN
SCHWIERIGKEIT: ✪✪✪

1 kg Tomaten
Salz
1 Baguette
150 ml Olivenöl
1 kleine Schalotte
2 mittelgroße Knoblauchzehen
½ TL Senf
2 EL Rotweinessig
frisch gemahlener schwarzer Pfeffer
12 Basilikumblätter, grob gehackt

1. Die Tomaten in je sechs Spalten teilen und in ein über eine Schüssel gelegtes Sieb geben. Salzen und mehrmals durchschwenken. Etwa 15 Minuten abtropfen lassen.

2. In der Zwischenzeit den Grill auf 180 °C vorheizen. Das Baguette in mundgerechte Würfel schneiden und in eine große Schüssel geben. Mit 2 EL Olivenöl mischen, dann auf einem Grillgitter verteilen. So lange indirekt grillen, bis die Brotwürfel knusprig und fest, aber nicht braun sind – das dauert etwa 15 Minuten. Die Brotwürfel auskühlen lassen.

3. Das Sieb mit den Tomaten von der Schüssel nehmen und beiseitestellen. Die Schalotte und den Knoblauch schälen und fein hacken, dann zusammen mit dem Senf und dem Essig zu dem aufgefangenen Tomatensaft in die Schüssel geben. Umrühren und das restliche Olivenöl untermischen. Das Dressing mit Salz und Pfeffer abschmecken.

4. In einer großen Schüssel das geröstete Brot, die Tomatenspalten und das Dressing vermischen. Das Basilikum hinzufügen. Den Salat erneut mit Salz und Pfeffer abschmecken. Vor dem Servieren 30 Minuten stehen lassen, dabei immer wieder schwenken, bis das Brot das Dressing vollständig aufgesaugt hat. Auf zwölf Schälchen verteilen.

GEGRILLTER SALAT

FÜR 4 PERSONEN ALS VORSPEISE ODER BEILAGE
ZUBEREITUNG: 15 MINUTEN
SCHWIERIGKEIT: ✪✪✪

4 Romana-Salatherzen
Saft von ½ Orange
8 EL Sonnenblumenöl
½ EL frischer Oregano, gehackt
1 EL scharfer Senf
frisch gemahlener Pfeffer
Salz

1. Den Grill auf 200 °C vorheizen. Die Romanaherzen längs in Viertel schneiden, den Strunk dabei nicht entfernen. Die Salatherzen-Viertel auf beiden Schnittseiten jeweils 2 Minuten auf einem gusseisernen Rost grillen. Der Salat sollte goldbraun karamellisiert und an den Außenblättern leicht knusprig sein, was schöne Röstaromen erzeugt.
2. Für die Vinaigrette den Orangensaft, das Sonnenblumenöl, den Oregano und den Senf verrühren und mit frisch gemahlenem Pfeffer und Salz abschmecken.
3. Den Salat vom Grill nehmen, mit der Vinaigrette beträufeln und mit frisch gemahlenem Pfeffer und Salz würzen. Den gegrillten Salat warm servieren.

RUCOLASALAT

FÜR 4 PORTIONEN
GRILLZEIT: 15 MINUTEN

100 g Rucola, gewaschen und trocken geschleudert
5 g rote Zwiebel, geschält, fein geschnitten
100 g Karotten, geschält, in Scheiben geschnitten
12 Cherrytomaten, geviertelt
1 Zehe Knoblauch, fein gehackt
2 EL flüssiger Honig
3 EL Olivenöl
2 EL Balsamicoessig
Salz
frisch gemahlener Pfeffer
50 g frisch grob geriebener Parmesan

1. Die Zwiebel und die Karotten getrennt in der Gemüsepfanne oder Gusspfanne 15 Minuten bei großer Hitze mit etwas Öl direkt rösten.

2. Die Bestandteile der Marinade erwärmen.

3. Anschließend alle Zutaten in einer Schüssel vermischen, mit Salz und Pfeffer abschmecken und den Rucola unterheben.

4. Den frisch geriebenen Parmesan über den fertig angerichteten Salat streuen.

BLUMEN-KOHLSALAT

FÜR 4 KLEINE PORTIONEN
ZUBEREITUNG: 45 MINUTEN
SCHWIERIGKEIT: ★☆☆

1 Blumenkohl
2 EL Olivenöl
1 kleine Handvoll Haselnüsse, geröstet und leicht zerstoßen

Für die Marinade
2 kleine Thai-Chilischoten
½ Schalotte
1 TL fein gehackter Knoblauch
60 ml Reisessig
50 g Zucker
75 ml Fischsauce
1 EL fein gehackte Korianderblätter
Salz

1. Den Grill auf 180 °C vorheizen. Den Blumenkohl in Röschen teilen, diese mit dem Olivenöl vermischen. Etwa 20 Minuten auf dem heißen Grill indirekt rösten. Beiseitestellen und abkühlen lassen.

2. Für die Marinade die Chilischoten von den Samen befreien und fein hacken. Die Schalotte schälen und in feine Scheiben schneiden. Alle Zutaten mit 240 ml Wasser gut verrühren. Die Marinade über den Blumenkohl geben und gut untermischen. Mit Salz abschmecken und den Salat mit den Haselnüssen garnieren. Auf vier kleine Schalen verteilen.

SOJA-SPROSSENSALAT

FÜR 4 KLEINE PORTIONEN
ZUBEREITUNG: 10 MINUTEN
SCHWIERIGKEIT: ★☆☆

200 g Sojasprossen
1 TL feine Sushi-Ingwer-Streifen
1 EL feine Apfelstreifen (Granny Smith)
1 EL Zitronenöl
1 Prise Salz

Die Zutaten gut vermengen und den Salat auf vier kleine Schalen verteilen.

SPITZKOHL-TRAUBEN-SALAT

FÜR 4 KLEINE PORTIONEN
ZUBEREITUNG: 20 MINUTEN
SCHWIERIGKEIT: ✪✪✪

1 kleiner Spitzkohl
Salz
1 EL Traubenkernöl
1 TL gemahlener Kreuzkümmel
abgeriebene Schale von 1 unbehandelten Limette
1 EL grüne, passierte Chilisauce für Seafood
100 g Traubenscheiben von kernlosen Trauben

Den Spitzkohl in feine Streifen schneiden und in eine Schüssel geben. Leicht salzen und 10 Minuten stehen lassen. Anschließend mindestens 2 Minuten kräftig mit der Hand durchkneten. Mit dem Traubenkernöl, dem Kreuzkümmel, der Limettenschale und der Chilisauce vermischen. Zuletzt die Traubenscheiben unterheben. Den Salat auf vier kleine Schalen verteilen.

RETTICH-SALAT

FÜR 4 KLEINE PORTIONEN
ZUBEREITUNG: 20 MINUTEN
SCHWIERIGKEIT: ✪✪✪

½ weißer Rettich
2 EL Salz
2 EL Zucker
2 EL Sushi-Essig
50 ml Rote-Bete-Saft

Den Rettich schälen und grob raspeln. Mit dem Salz und dem Zucker gut vermischen und 10 Minuten stehen lassen. Anschließend die ausgetretene Flüssigkeit abgießen und den Rettich mit dem Essig und dem Rote-Bete-Saft vermischen. Den Salat auf vier kleine Schalen verteilen.

GEBACKENER KARTOFFELSALAT

FÜR 4 PORTIONEN
ZUBEREITUNG: 75 MINUTEN
AUSKÜHLEN: 6 STUNDEN
SCHWIERIGKEIT: ✪✪✪

6 mittelgroße mehlig kochende Kartoffeln
1 Stange Sellerie, in Scheiben geschnitten
1 kleine rote Zwiebel, gewürfelt
2 Frühlingszwiebeln, in dünne Scheiben geschnitten
2 Eier, hart gekocht und gewürfelt
12 grüne Oliven, mit Tomatenpaprika gefüllt und in Scheiben geschnitten
175 ml cremiges, weißes Salatdressing
30 ml Senf
Salz
frisch gemahlener schwarzer Pfeffer

1. Die ganzen, ungeschälten Kartoffeln auf dem oberen Rost 45–60 Minuten bei geschlossenem Deckel indirekt grillen. Die Kartoffeln über Nacht oder mindestens 4–6 Stunden im Kühlschrank vollständig auskühlen lassen.

2. Die erkalteten Kartoffeln mit Schale in mundgerechte Stücke schneiden und Sellerie, Zwiebeln, Eier, Oliven, Salatdressing und Senf in eine große Schüssel dazugeben. Alles gut vermischen. Mit Salz und Pfeffer abschmecken.

GEGRILLTE TOMATEN AUF ZWIEBELBRUSCHETTA

FÜR 4 PERSONEN
GRILLZEIT: 7–10 MINUTEN

8 reife Tomaten, längs in Scheiben geschnitten
2 mittelgroße rote Zwiebeln, in dicke Scheiben geschnitten
60 ml Olivenöl extra vergine
Salz
frisch gemahlener schwarzer Pfeffer
3 El Knoblauch, fein geschnitten
2 EL frische Petersilie, gehackt
2 EL frischer Basilikum, gehackt
2 El Balsamicoessig
1 unbehandelte Zitrone
1 frisches Baguette (28–30 cm lang), diagonal in 2 cm dicke Scheiben geschnitten
125 g frisch geriebener Parmesan

1. Die Zwiebeln, das Öl mit Salz und Pfeffer in eine Napoleon-Gusseisenpfanne geben und bei mittlerer Temperatur auf dem Rost oder dem Seitenbrenner grillen. Etwas später die Tomaten dazugeben. Alles insgesamt 7–10 Minuten grillen, bis die Zwiebeln zart sind.

2. Auf einer Grillplatte mit etwas Sonnenblumenöl den Knoblauch anrösten. Danach die gegrillten Tomaten und Zwiebeln mit einem scharfen Messer würfeln.

3. Zesten von der Zitrone ziehen und fein hacken, die Zitrone auspressen. Alles gemeinsam in einer Schüssel mit der Petersilie, dem Basilikum, dem Knoblauch und dem Balsamicoessig vermengen, mit Salz und Pfeffer abschmecken.

4. Die Baguettescheiben pro Seite 1–2 Minuten direkt grillen, bis sie leicht gebräunt und kross sind. Mit einem Esslöffel die Bruschettamischung darübergeben und vor dem Servieren mit Parmesan garnieren.

GEFÜLLTE KARTOFFELN MIT SALAT

FÜR 12 STÜCK
ZUBEREITUNG: 45 MINUTEN
SCHWIERIGKEIT: ✪✪✪

12 mittelgroße, mehligkochende Kartoffeln, vorgegart
2 EL Olivenöl
1 Salatgurke
1 Bund Radieschen
1 Kopf Friséesalat
3 Schalotten
2 Knoblauchzehen
Salz

Für das Dressing
1 EL Weißweinessig
1 Msp. Senf
1 Prise frisch gemahlener Pfeffer
1 Prise Salz
½ TL Honig
3 EL Olivenöl

1. Von den Kartoffeln längs ein Stück abschneiden, dann die Kartoffeln aushöhlen (das Innere anderweitig verwenden) und innen mit dem Öl bestreichen. Etwa 30 Minuten bei 150 °C indirekt grillen, bis die Schale leicht braun und kross ist.

2. In der Zwischenzeit in einer Salatschüssel die Zutaten für das Dressing verrühren, dabei das Öl zuletzt dazugeben. Die Gurke und die Radieschen waschen und in hauchdünne Scheiben schneiden. Den Friséesalat zerzupfen. Die Schalotten schälen und fein würfeln. Alles in die Salatschüssel geben und gut durchmischen.

3. Den Knoblauch schälen, mit ½ TL Salz zerdrücken und die Innenseite der Kartoffeln damit bestreichen. Den Salat in die Kartoffeln füllen.

GEFÜLLTE SÜSSKARTOFFELN

FÜR 4 STÜCK
ZUBEREITUNG: 45 MINUTEN
SCHWIERIGKEIT: ✪✪✪

4 mittelgroße Süßkartoffeln, vorgegart
2 TL Misopaste
1 Eigelb
1 EL gehackte Blattpetersilie
Salz, frisch gemahlener Pfeffer
4 EL geriebener Mozzarella
Petersilie zum Garnieren (nach Belieben)

1. Von den Süßkartoffeln längs ein Stück abschneiden, dann die Süßkartoffeln aushöhlen. Das Innere in eine Schüssel geben und mit dem Miso, dem Eigelb, der Petersilie, einer Prise Salz und etwas Pfeffer vermengen. Die Mischung wieder in die Süßkartoffeln füllen und mit dem Käse bestreuen.

2. Den Grill auf 220 °C vorheizen. Die Süßkartoffeln indirekt darauf platzieren, dann die Hitze auf 150 °C reduzieren und die Süßkartoffeln etwa 20 Minuten grillen, bis der Käse geschmolzen ist. Nach Belieben mit Petersilie garnieren.

ROTWEIN-SCHALOTTEN

FÜR 4 PERSONEN
GRILLZEIT: 15 MINUTEN

500 g Schalotten, in grobe Stücke geschnitten
2 EL Butter
2 TL Zucker
125 ml trockener Rotwein
½ TL gerebelter Thymian
Salz
frisch gemahlener Pfeffer

1. Die Butter in einer Grillpfanne zerlassen und den Zucker darin direkt anschwitzen, die Schalottenstücke untermengen und kurz mitrösten. Anschließend mit dem Wein ablöschen, den Thymian zufügen und alles etwa 15 Minuten unter gelegentlichem Umrühren weich dünsten.

2. Am Ende der Garzeit sollten die Schalotten weich und die Flüssigkeit großteils eingekocht sein. Die Rotweinschalotten mit Salz und Pfeffer abschmecken und zu gegrilltem Fleisch, vor allem Rindfleisch, servieren.

TRINKGENUSS
JEDER JAHRESZEIT
ROT
GLUT
ADI MATZEK

BRUSCHETTA MIT MANCHEGO, TOMATENSAUCE UND CHORIZO-CHIPS

FÜR 12 STÜCK
ZUBEREITUNG: 20 MINUTEN
SCHWIERIGKEIT: ✪✪✪

36 Scheiben Chorizo
12 Baguettescheiben (etwa 1 cm dick)
2 Knoblauchzehen
2 reife Tomaten
Fleur de Sel
frisch gemahlener schwarzer Pfeffer
3 EL Olivenöl
6 Walnusshälften
200 g Manchego
1 EL frische Rosmarinnadeln
Rosmarinzweige zum Garnieren (nach Belieben)

1. Die Chorizoscheiben auf ein Grillgitter legen und etwa 20 Minuten bei 150 °C indirekt grillen, bis sie knusprig sind.

2. Inzwischen die Baguettescheiben auf dem Grill auf beiden Seiten leicht antoasten. Den Knoblauch schälen und die Brotscheiben auf einer Seite damit einreiben.

3. Die Tomaten halbieren und mit der groben Seite einer Küchenreibe in eine Schüssel reiben. Mit Fleur de Sel, Pfeffer und dem Olivenöl verrühren. Die Walnusshälften mit den Händen zerkleinern. Den Manchego in 1 cm große Würfel schneiden. Den Rosmarin mit der Hand zerreiben oder grob hacken. Alles zu den Tomaten hinzufügen und gut verrühren. Die Masse auf den Brotscheiben verteilen und mit jeweils drei Chorizoscheiben und nach Belieben mit Rosmarinzweigen garnieren.

BRUSCHETTA MIT GUACAMOLE UND GRILLMAIS

FÜR 12 STÜCK
ZUBEREITUNG: 20 MINUTEN
SCHWIERIGKEIT: ✪✪✪

1 Maiskolben
50 g weiche Butter
12 Baguettescheiben (etwa 1 cm dick)
3 Avocados
1 Knoblauchzehe
Saft von 1 Limette
4 Spritzer Tabasco
Salz, frisch gemahlener Pfeffer
Tomatenwürfel und gehackte Kräuter zum Garnieren (nach Belieben)

1. Den Mais rundum mit der Butter bestreichen. Auf dem Grill etwa 10 Minuten unter mehrfachem Wenden bei 180 °C direkt grillen, bis er warm ist und leichte Röststellen hat.

2. Inzwischen die Baguettescheiben auf dem Grill auf beiden Seiten leicht antoasten.

3. Die Avocados halbieren, entsteinen, das Fruchtfleisch aus der Schale heben und in eine Schüssel geben. Den Knoblauch schälen und fein zerdrücken. Zusammen mit dem Limettensaft, dem Tabasco und etwas Salz zur Avocado hinzufügen und alles pürieren.

4. Die Guacamole auf den Brotscheiben verteilen. Mit einem scharfen Messer die Körner vom Mais abschneiden, leicht salzen und pfeffern. Auf der Guacamole verteilen. Nach Belieben die Brote mit Tomatenwürfeln und Kräutern garnieren.

Roel Westra

»Es gibt keine Worte, um die Magie des Grillens zu beschreiben. Um den wahren Zauber des Grillens zu erleben, braucht man alle Sinne. Der Geruch, das Geräusch, die Aromen …«

Roel Westra, aka Pitmaster X, hat seine Leidenschaft für das Grillen und BBQ zum Beruf gemacht. Als erfolgreicher YouTuber hat er mit seinem Channel »PitmasterX« knapp 340.000 Abonnenten, die sich von seinen gut gelaunt präsentierten Grill- und BBQ-Rezepte allwöchentlich aufs Neue inspirieren lassen. Roel lebt mit seiner Familie in Tonden, Niederlande.

FLAMMKUCHEN

FÜR 1–2 PERSONEN ALS HAUPTSPEISE
ZUBEREITUNG: 2 STUNDEN
SCHWIERIGKEIT: ✪✪✪

Für den Flammkuchen-Teig

200 g Weizenmehl Type 405 oder Type 550
5 g Salz
5 g frische Hefe
5 g Zucker
200 ml lauwarmes Wasser
20 ml Rapsöl

Für die Flammkuchen-Sauce

125 ml saure Sahne
125 ml Crème fraîche
1 EL Weizenmehl Type 405 oder Type 550
1 Eigelb
1 EL Rapsöl
frisch gemahlene Muskatnuss
gemahlene Kardamomsamen
edelsüßes Paprikapulver
frisch gemahlener weißer Pfeffer
gemahlene Gewürznelken
Salz

1. Für den Flammkuchen-Teig das Weizenmehl und das Salz in eine Schüssel geben. Die Hefe und den Zucker in 50 ml Wasser auflösen und etwa 15 Minuten ruhen lassen. Dann das angerührte Hefe-Wasser-Gemisch, das Rapsöl und das restliche Wasser zu dem Weizenmehl geben und mit dem Handrührgerät (Knethaken) auf niedrigster Stufe in 5 Minuten zu einem glatten Teig verkneten. Den Teig zu einer Kugel formen, diese mit einem Küchentuch bedecken und 1 Stunde ruhen lassen. Den Teig nach der Ruhezeit einmal durchkneten und anschließend weitere 30 Minuten ruhen lassen.

2. Für die Flammkuchen-Sauce die saure Sahne, die Crème fraîche, das Weizenmehl, das Eigelb und das Rapsöl glatt rühren. Die Sauce mit etwas frisch geriebener Muskatnuss, gemahlenen Kardamomsamen, edelsüßem Paprikapulver, frisch gemahlenem weißen Pfeffer und einem Hauch gemahlenen Gewürznelken würzen. Dabei sollte der weiße Pfeffer das dominante Aroma sein. Die Flammkuchen-Sauce mit Salz abschmecken.

3. Den Flammkuchen-Teig auf einer bemehlten Arbeitsfläche dünn ausrollen und mehrmals mit einer Gabel einstechen. Den Flammkuchen 20 Sekunden lang auf einem vorgeheizten heißen Pizzastein (275 °C) vorbacken. Die vorbereitete Sauce gleichmäßig auf den vorgebackenen Flammkuchen verteilen. Den Flammkuchen nach Belieben belegen (zum Beispiel mit Sauerkraut und Wurst). Den Flammkuchen weitere 3 Minuten auf dem heißen Pizzabackstein backen, dann sofort servieren.

DESSERTS

TROPICAL STORM

FÜR 2 PERSONEN

4 Scheiben frische Ananas
1 Orange, in dicke Scheiben geschnitten
1 Handvoll frische Heidelbeeren
1 Handvoll frische Himbeeren
1 Apfel, in Spalten geschnitten
3 Kugeln Himbeereis
3 Schokoladenchip-Plätzchen
50 g geschmolzene Schokolade
50 ml Kräuterlikör

Zubehör

1 Räucher-Grillbrett aus Buchenholz, nicht gewässert
1 langes Stabfeuerzeug oder einen Flambierbrenner

Früchte erwartet man auf dem Grill eher nicht. Das ist das Schöne am Grillen mit einem Räucherbrett: Man kann Zutaten darauf verwenden, mit denen man auf dem Grill sonst nicht rechnen würde.

1. Für dieses Rezept zuerst Ananasscheiben und Orangenscheiben grillen. Sobald der Zucker in der Ananas karamellisiert, ist sie fertig. Ein nicht gewässertes Räucherbrett über direkte Hitze auf den Grill legen. Warten, bis es auf der Unterseite Feuer fängt, und es 30 Sekunden lang brennen lassen. Das Brett vom Feuer nehmen. Die Flammen ausblasen und das Brett mit der verbrannten Seite nach oben drehen.

2. Bereiten Sie jetzt Ihr meisterhaftes Dessert vor. Dazu aus den gegrillten Ananas- und Orangenscheiben, Heidelbeeren, Himbeeren und dem Apfel auf dem Brett ein Mosaik anlegen. Jetzt kommen ein paar Kugeln Eiscreme und ein paar zerbröckelte Schokoladenchip-Plätzchen zum Einsatz. Mit flüssigem Schokoladenaufstrich übergießen.

3. Das Brett auf den Tisch auf ein Tablett legen, mit Kräuterlikör übergießen und flambieren.

GESMOKTE APFELRASPEL MIT ZIEGENKÄSE

FÜR 4 PERSONEN
ALS DESSERT
ZUBEREITUNG: 30 MINUTEN
SCHWIERIGKEIT: ✪✪✪

Spiralschneider,
1 Handvoll Heu (Tierfutter)

6 Äpfel (möglichst 3 säuerliche wie Boskop und 3 süßliche wie Cox Orange)
50 g Walnusskerne, gehackt
4 EL Ahornsirup
100 g Ziegenfrischkäse
50 g Heidelbeeren
50 g Brombeeren

1. Die Äpfel mit einem Spiralschneider schneiden.

2. In eine Aluschale Heu geben. Eine zweite Aluschale in die erste stellen und mit einer Gabel Löcher in den Boden der zweiten Schale stoßen. In die beiden übereinandergestapelten Aluschalen eine Grillschale setzen und darauf die Äpfel verteilen. Die Grillschale ist notwendig, damit die Äpfel nicht die Löcher, durch die der Rauch dringen soll, zudecken. Die Äpfel mit Alufolie abdecken.

3. Die Äpfel auf den Grill stellen und direkt bei 180 °C grillen. Den Deckel des Grills schließen. Nach einer Weile fängt das Heu zu qualmen an und räuchert die Äpfel. Nach 20 Minuten die Aluschalen mit den Äpfeln vom Grill nehmen und die Äpfel portionsweise auf vier Tellern anrichten.

4. Die Walnüsse über die Äpfel streuen und über jede Portion 1 EL Ahornsirup geben. Den Frischkäse in einen Spritzbeutel mit ganz feiner Tülle oder in einen Gefrierbeutel ohne Standboden füllen und von diesem eine der unteren Ecken abschneiden. Den Käse dekorativ auf die Äpfel spritzen. Zum Abschluss jede Portion noch mit Heidel- und Brombeeren garnieren.

ECHTER YORKSHIRE-PUDDING

FÜR 12 PERSONEN
ZUBEREITUNG: 50 MINUTEN
SCHWIERIGKEIT: ✪✪✪

250 ml Milch (oder 125 ml Milch und 125 ml Wasser, verquirlt)
1 Ei
1 Prise Salz
frisch geriebene Muskatnuss
1 Msp. Backpulver
125 g Mehl
Olivenöl zum Einfetten
30 g Rindernierenfett
Beeren für die Garnitur

1. Für den Teig die Milch, das Ei, Salz und Muskatnuss miteinander verquirlen. Das Backpulver unter das Mehl mischen und das Mehl in die Eiermilch einrühren. Der Teig sollte flüssig sein.

2. Ein Blech mit Muffinformen einfetten und in jede Vertiefung drei bis vier Stück des klein geschnittenen Rindernierenfetts geben. Die Formen auf dem Grill direkt erhitzen.

3. Wenn das Öl heiß genug ist, den Teig in die Formen gießen, dabei jede Vertiefung nur bis zur Hälfte füllen.

4. Den fertigen Yorkshire-Pudding aus der Form stürzen und auf Küchenpapier das überschüssige Fett abtropfen lassen. Mit Beeren garnieren.

Der Pudding kann warm, lau oder kalt genossen werden.

APFELKUCHEN

FÜR 4 PERSONEN ALS DESSERT
ZUBEREITUNG: 30 MINUTEN
SCHWIERIGKEIT: ✪✪✪

3 Äpfel
10 Eier
150 g Butter
1 Prise Salz
abgeriebene Schale von
1 unbehandelten Zitrone
1 TL Zimt
1 Vanilleschote, Mark ausgekratzt
180 g Zucker
80 g Mehl
80 g Weizenstärke
40 ml Rum (nach Belieben)

1. Die Äpfel schälen und an den Ober und Unterseiten eine etwa 1 cm dicke Scheibe abschneiden, sodass sie flach aufeinanderpassen.

2. Für den Teig die Eier trennen. Die Butter mit Salz, Zitronenschale, Zimt und Vanillemark verrühren und das Eigelb unterrühren. Das Eiweiß und den Zucker zu einem stabilen Schaum aufschlagen. Das Mehl und die Stärke vermischen und durchsieben. Das Stärkemehl zusammen mit dem Eischnee vorsichtig unter die Butter heben.

3. Die Äpfel rundherum mit etwa 1 cm Abstand mit einem Messer einritzen. Die Äpfel hintereinander auf einen Drehspieß stecken. Darunter eine feuerfeste Schale platzieren. Die Äpfel mit dem vorgeheizten Backburner etwa 5 Minuten grillen, bis sie leicht angetrocknet sind. Dies ist wichtig, damit der Teig besser an ihnen haften bleibt.

4. Die sich drehenden Äpfel mit dem Teig bepinseln und nach jeder Runde den Deckel für etwa 30 Sekunden schließen – überschüssiger Teig tropft in die Auffangschale. Sobald eine Teigschicht leicht braun wird, die nächste Schicht auftragen. So fortfahren, bis eine Art „Apfel-Baumkuchen" entstanden ist.

5. Den Backburner ausschalten und den Kuchen bei geöffneter Haube abkühlen lassen. Den Kuchen vorsichtig vom Spieß schieben und in Scheiben schneiden. Mit Sahne oder Eis servieren.

QUARK-LIMETTEN-SCHMARREN

FÜR 4 PERSONEN
ZUBEREITUNG: 60 MINUTEN
SCHWIERIGKEIT: ✪✪✪

250 g Quark, 20 % Fett i. Tr.
1 EL Limetten- oder Zitronensaft
½ unbehandelte Limette
90 g Zucker
Mark von 1 Vanilleschote
25 g Maisstärke
2 Eier
etwas Rum
6 Eiweiß
2 EL Butter

1. Für den Quark-Limetten-Schmarren den Quark, 30 Gramm Zucker, das Vanillemark, die Maisstärke und die Eier verrühren. Dabei mit Rum und Limetten- oder Zitronensaft abschmecken.

2. Das Eiweiß mit dem restlichen Zucker zu einer steifen Masse schlagen und unter die Quarkmasse heben. Etwas Butter in einer Aluschale erhitzen, die Masse hineingeben und 30–40 Minuten indirekt backen.

3. In mundgerechte Stücke schneiden, anzuckern und mit Limettenscheiben garniert servieren.

TARTE TATIN

FÜR 6 PERSONEN ALS NACHSPEISE
ZUBEREITUNG: 1 STUNDE 15 MINUTEN
RUHEZEIT: 1 STUNDE
SCHWIERIGKEIT: ✪✪✪

Für den Teig
100 g Weizenmehl Type 405
100 g kalte Butter
75 g Zucker
1 Prise Salz
3 EL Wasser

Für den Belag
6 süße Äpfel mit festem Fruchtfleisch
1 Zitrone
25 g Butter
75 g Zucker
1 Vanilleschote
weiche Butter zum Einfetten der Form

1. Einen Smoker-Grill auf 120 °C erhitzen. 1 Handvoll Räucherchips (Apfelbaumholz) in Wasser einweichen. Für den Teig das Weizenmehl, die kalte Butter, den Zucker, das Salz und das Wasser rasch zu einem Mürbteig verkneten. Aus dem Teig eine Kugel formen, diese in Frischhaltefolie wickeln und 1 Stunde lang im Kühlschrank ruhen lassen.

2. Die Äpfel schälen, halbieren und entkernen. Die halbierten Äpfel in etwa 1,5 cm dicke Spalten schneiden und diese mit Zitronensaft beträufeln. Die Apfelspalten nebeneinander auf einen Grillkorb legen.

3. Die eingeweichten Räucherchips auf der Glut verteilen. Die Apfelspalten 5 Minuten im geschlossenen Smoker-Grill räuchern. Den Grill auf 210 °C erhitzen. Eine runde Tarteform oder ein »Skillet« großzügig mit Butter einfetten. Die geräucherten Apfelspalten dicht rosettenförmig einschichten.

4. Für die Karamellsauce 25 g Butter in einen Topf geben und auf dem Grill (Seitenfläche) langsam zum Schmelzen bringen. Den Zucker hinzufügen und bei niedriger Flamme karamellisieren lassen. Die Vanilleschote längs aufschlitzen und das Mark herauskratzen. Das Vanillemark zu der Karamellsauce geben und gut verrühren. Die heiße Karamellsauce gleichmäßig über die Apfelspalten träufeln.

5. Den gekühlten Teig zu einem Kreis ausrollen, der etwas größer als die Tarteform bzw. der »Skillet« ist. Den Teigkreis auf die gegrillten Apfelspalten legen. Die überstehenden Teigränder abschneiden. Den Teig zwischen Apfelspalten und Tarteformrand etwas nach unten drücken. Die Tarte Tatin auf dem Grill bei indirekter Hitze (210 °C) 30–35 Minuten backen. Die fertig gegrillte Tarte 10 Minuten abkühlen lassen. Einen Teller auf die Backform (oder den »Skillet«) legen, diesen vorsichtig umdrehen und die Tarte Tatin stürzen.

DÄNISCHE ZIMT-SCHNECKE

FÜR 6 PERSONEN ALS NACHSPEISE
ZUBEREITUNG: 60–70 MINUTEN
SCHWIERIGKEIT: ✪✪✪

Für den Teig

500 g helles Weizenmehl Type 405 oder Type 550
25 g Zucker
½ TL gemahlener Kardamom
1 Prise Salz
100 g weiche Butter
2 Eier
240 ml Vollmilch
50 g frische Hefe
Weizenmehl für die Arbeitsfläche

Für die Füllung

120 g weiche Butter
100 g Zucker
2 EL gemahlener Zimt

1. Für den Hefeteig das Weizenmehl, den Zucker, den Kardamom, das Salz, die weiche Butter und die Eier in die Rührschüssel der Küchenmaschine geben. Die Vollmilch in einem kleinen Topf leicht erwärmen. Die frische Hefe hineinbröseln und unter Rühren auflösen. Das Milch-Hefe Gemisch zu der Mehl-Ei-Mischung in die Rührschüssel geben und alles mit dem Knethacken 5 Minuten zu einem glatten, geschmeidigen Teig verkneten. Den Hefeteig zugedeckt 30 Minuten gehen lassen. In der Zwischenzeit die Füllung vorbereiten: Die weiche Butter, den Zucker und das Zimtpulver in eine Schüssel geben und glatt rühren.

2. Den Grill auf eine Temperatur von 180 °C heizen und einen Pizzastein daraufstellen. Den Hefeteig in zwei Hälften teilen. Die beiden Teigportionen auf einer bemehlten Arbeitsfläche zu zwei gleich großen, je 1 cm dicken Rechtecken ausrollen. Die Füllung auf den beiden Teigplatten verteilen und gleichmäßig verstreichen. Die beiden Teigplatten jeweils mit der Füllung nach oben aufeinanderlegen. Das Teigpäckchen zu einer Rolle drehen. Diese in 2,5 cm dicke Scheiben schneiden.

3. Eine Lage Backpapier auf den heißen Pizzastein legen. Die Zimtschnecken mit den Schnittflächen nach oben auf den Pizzastein legen, dabei stets mindestens 1 cm Platz lassen. Den Grilldeckel schließen. Die Zimtschnecken auf dem Grill ca. 12 Minuten goldbraun backen. Anschließend vom Grill nehmen und auf einem Gitter auskühlen lassen. Dazu passt eine Tasse Kaffee.

AM SPIESS GEGRILLTE ANANAS MIT RUMBUTTER

FÜR 6 PERSONEN ALS NACHSPEISE
ZUBEREITUNG: 90 MINUTEN
SCHWIERIGKEIT: ✪✪✪

1 große reife Ananas
etwas Sonnenblumenöl
400 g ungesalzene Butter
400 g brauner Rohrzucker
3 Limetten
1 Schuss brauner Rum
250 g geschlagene Sahne
Vanilleeis zum Servieren

1. Einen Grill mit Heckbrenner oder einen Grill mit Spießvorrichtung erhitzen. Den Blattansatz und die Unterseite der Ananas mit einem großen, scharfen Messer großzügig abschneiden. Die Ananas hochkant auf ein Schneidebrrett stellen. Die Schale von oben nach unten dünn abschneiden. Die Augen (das sind die holzigen Anteile des Fruchtfleischs mit den Samen) verlaufen diagonal auf der Frucht. Entlang der diagonalen Augenlinie mit einem kleinen spitzen Messer eine v-förmige Vertiefung in das Fruchtfleisch schneiden und die holzigen Augen heraustrennen. Die Ananas dabei nicht zerteilen – so entsteht ein dekoratives Spiralmuster. Die Ananas mit wenig Sonnenblumenöl einpinseln, dann durch den Strunk hindurch auf einen langen Spieß stecken und diesen vor dem Heckbrenner des Grills rotieren lassen.

2. In einer Pfanne oder auf dem Seitenbrenner eines Grills die Butter zusammen mit dem braunen Zucker schmelzen. Den Saft der Limetten mit dem Rum vermengen und in das Butter-Zucker-Gemisch rühren. Die Rumbutter 10 Minuten leise köcheln lassen.

3. Die Ananas anschließend im Abstand von 5 Minuten rundherum mit der Rumbutter bepinseln. Die Ananas nach 45 Minuten vom Spieß nehmen und in Stücke oder Streifen schneiden. Die Schlagsahne in den Rest der Rumbutter rühren. Die Ananas mit der Rum-Butter-Sahne sowie einer Kugel Eis servieren.

SÜSSE TRAMEZZINI

FÜR 4 PERSONEN ALS DESSERT
ZUBEREITUNG: 30 MINUTEN
SCHWIERIGKEIT: ✪✪✪

100 g dunkle Schokolade
2 Feigen
3 Scheiben Tramezzini; alternativ Sandwichtoast, Rinde entfernt
100 g Frischkäse
50 g Feigensenf
2 EL gutes Olivenöl

1. Die Schokolade grob reiben oder fein hacken. Die Feigen in Streifen schneiden. Eine Tramezzinischeibe mit der Hälfte des Frischkäses bestreichen und mit der Hälfte der Schokolade bestreuen. Die Hälfte der Feigenstreifen darauf verteilen.

2. Eine weitere Scheibe Brot mit der Hälfte des Feigensenfs bestreichen und mit der Senfseite auf die Feigen legen. Nun die Oberseite dieser Scheibe wie zuvor beschrieben mit dem Rest Frischkäse, Schokolade und Feigen belegen.

3. Die verbliebene Scheibe Tramezzini ebenfalls mit Senf bestreichen und mit der Senfseite nach unten auf die ersten beiden legen. Die Tramezzini 8 Minuten auf dem auf 200 °C vorgeheizten Grill indirekt grillen, dabei einmal wenden. In vier Stücke teilen und servieren.

GRUNDREZEPTE

MARINADEN UND SAUCEN FÜRS FLEISCH

BIERMARINADE

3 Zehen Knoblauch, gehackt
200–300 ml Bautzner mittelscharfen Senf
200–250 ml Schwarzbier
1–2 EL Worcestersauce
10 g Salz
1 g frisch gemahlener Pfeffer
1 g getrockneter Majoran
Zwiebelringe nach Belieben

Aus den Zutaten bis auf die Zwiebelringe einen nicht zu dünnen Marinadenbrei mischen. Das Fleisch für mindestens 2 Tage im Kühlschrank in einer verschlossenen Schüssel marinieren. Zwischen die Fleischstücke nach Geschmack Zwiebelringe legen.

HONIGMARINADE

3 EL flüssiger Honig
1 EL Sojasauce
1 EL Zitronensaft
2 EL Sesamöl
1 Zehe Knoblauch, gepresst
wenig Tabasco
1 EL Sesamsamen

Die Zutaten gut verrühren und das Grillgut damit bestreichen. Wenn es schnell gehen soll, mindestens 30 Minuten durchziehen lassen, andernfalls das Grillgut mit der Marinade in einem Frischhaltebeutel über Nacht in den Kühlschrank legen.

SENFMARINADE

1 EL Senf
1 EL Tomatenketchup
2 EL Rotwein
4 EL Öl
1 TL Cayennepfeffer

Die Zutaten gut verrühren und das Grillgut damit bestreichen. Wenn es schnell gehen soll, mindestens 30 Minuten durchziehen lassen, andernfalls das Grillgut mit der Marinade in einem Frischhaltebeutel über Nacht in den Kühlschrank legen.

WÜRZMISCHUNG
NACH MARISA (TEMPERO DA MAMÃE)

1 kg Knoblauch, geschält
1 Bund Frühlingszwiebeln
6 Lorbeerblätter
2 Zwiebeln
1 frisch geriebene Muskatnuss
500 g Salz

Alle Zutaten außer dem Salz im Mixer pürieren, zum Schluss das Salz zugeben. Die hellgrüne Masse in einem Schraubglas aufbewahren. Sie hält sich sehr lange im Kühlschrank. Das Fleisch 1 Stunde vor dem Grillen mit der Würzmischung einreiben und etwas ruhen lassen.

Richtwerte beim Marinieren

Rindersteaks und -spieße:
4–6 Stunden
Rinderbraten:
5–7 Stunden
Rinderbrust (Brisket):
5–7 Stunden
Short Ribs:
6–8 Stunden
Schweinefilet:
3–4 Stunden
Schweinekoteletts:
3–4 Stunden
Spare Ribs:
6–8 Stunden *(Empfehlung: über Nacht bis zu 24 Stunden)*
Lammspieße:
4–6 Stunden
Reh:
6–8 Stunden

Die Basis

Es gibt drei Basiskomponenten einer jeden Marinade: Säure, Öl und Gewürze. Die Säure macht das Fleischgewebe zart und mürbe, die Gewürze sorgen für Geschmack. Es gibt verschiedene Säuren mit unterschiedlichem Aroma: Essig, Zitronensaft, Tomaten, Wein, Bier, Buttermilch, Kaffee, Cranberrysaft, Grapefruitsaft, Orangensaft, Joghurt.
Die verwendeten Gewürze müssen intensiv sein, denn ihre Kraft lässt nach, sobald sie sich im Marinierprozess befinden. Öl ist Teil der Marinade, weil viele Aromen fettlöslich sind. Die salzhaltigen Gewürze können dem Fleisch Wasser entziehen; die Aromen werden jedoch in dem Öl gebunden. Normalerweise verwendet man pflanzliches Öl, aber natürlich kann man auch anderes Fett benutzen. Je fettarmer und magerer das Fleisch ist, desto mehr Öl sollte in der Marinade sein.

Die Behälter

Da Marinaden Säure enthalten, sollten unbedingt reaktionsfreie Behälter zur Aufbewahrung und Zubereitung verwendet werden. Dafür eignen sich Behältnisse aus Glas oder lasierter Keramik, aber auch einfach Plastikbeutel, die man mit etwas Küchendraht verschließt.

Marinade als Sauce

Wird die Marinade auch als Sauce zum Essen serviert, sollte sie vorher in einem kleinen Topf mindestens 5 Minuten eingekocht werden.

Die Marinadenspritze

Möchte man das Fleisch schnell und intensiv marinieren, gibt es auch noch die Möglichkeit, mit einer Marinadenspritze, z. B. dem Napoleon-Marinaden-Injektor, zu arbeiten. Diese sieht aus wie eine überdimensionierte Spritze aus dem Krankenhaus, hat aber mehrere Öffnungen in der Nadel selbst. Mit ihr kann man die Marinade schnell in das Fleisch einbringen. Spritzen Sie dabei so, dass die Marinade beim Einstechen gleichmäßig verteilt wird. Denn sonst sind einige Bereiche des Fleisches »überversorgt« und andere bleiben zu trocken.

MARINADEN UND SAUCEN FÜR GEFLÜGEL

FRUCHTIGE CURRYSAUCE

1 Zwiebel
1 EL Olivenöl
60 ml Sahne oder Milch
200 g Apfelmus
1 TL Senf
1 TL Gemüsebrühe
Salz
frisch gemahlener Pfeffer
etwa 1 EL Currypulver

Aus den Zutaten bis auf die Zwiebelringe einen nicht zu dünnen Marinadenbrei mischen. Das Fleisch für mindestens 2 Tage im Kühlschrank in einer verschlossenen Schüssel marinieren. Zwischen die Fleischstücke nach Geschmack Zwiebelringe legen.

COGNAC-KRÄUTER-MARINADE

2 EL Cognac
1 EL frische Kräuter, gehackt (Salbei, Oregano, Rosmarin, Thymian)
2 EL Senf
1 Schalotte, fein gerieben
¼ TL frisch gemahlener Pfeffer
½ TL Curry
150 ml Öl

Alle Zutaten gut verrühren. Die Marinade kann in verschließbaren Gläsern abgefüllt einige Wochen im Kühlschrank aufbewahrt werden.

INJEKTIONSMARINADE
FÜR GEFLÜGEL

250 g Butter
250 ml Bier
2 EL Worcestersauce
2 EL Tabasco oder 1 EL »Scharf wie die Sau«-Sauce vom Grillsportverein
1 EL Sojasauce
2 TL Knoblauchpulver
2 TL Zwiebelpulver
2 TL Salz

Die Zutaten gut verrühren und das Grillgut damit bestreichen. Wenn es schnell gehen soll, mindestens 30 Minuten durchziehen lassen, andernfalls das Grillgut mit der Marinade in einem Frischhaltebeutel über Nacht in den Kühlschrank legen.

Richtwerte beim Marinieren

Huhn im Ganzen: 4 Stunden
Hühnerbrüste: 2–4 Stunden
Hühnerteile: 3–4 Stunden
Chicken Wings: 6–8 Stunden
Truthahn: 4–12 Stunden
Truthahnviertel: 4–8 Stunden
Ente: 6–8 Stunden
Pute: 4–6 Stunden
Wildgeflügel: 4–6 Stunden

MARINADEN FÜR FISCH UND MEERESFRÜCHTE

FISCHMARINADE FÜR 4 FORELLEN

150 ml Rotwein
1 TL Zucker
2 EL Senf
Salz
4–6 Pfefferkörner, zerdrückt
1 TL getrockneter Rosmarin
1 TL getrockneter Thymian
4 Lorbeerblätter
1 EL Öl

Wein, Zucker, Senf, Salz und die zerdrückten Pfefferkörner mit der Hälfte der getrockneten Kräuter vermischen. Je ein Lorbeerblatt in die Fische legen und diese in der Marinade ziehen lassen.

THAILÄNDISCHE FISCHMARINADE

90 g frischer Koriander
1 EL süße Chilisauce
2 TL Sesamöl
2 Zehen Knoblauch, zerdrückt
1 EL Sojasauce
1 EL thailändische Fischsauce
3 Frühlingszwiebeln, fein gehackt
2 TL frischer Ingwer, gerieben
1 EL Limettensaft
1 TL brauner Zucker

Den Fisch mit dem Koriander füllen und in ein flaches Gefäß legen, danach die restlichen Zutaten in einer Schüssel gründlich vermischen und den Fisch damit übergießen. Mit Frischhaltefolie abdecken und 2–3 Stunden im Kühlschrank stehen lassen.

WEISSWEINMARINADE

4 EL trockener Weißwein
1/8 l Kräuteressig
4 EL Öl
1 TL Thymian, gehackt
1 TL grüne Pfefferkörner, zerdrückt
1 Lorbeerblatt, zerbröselt
1 kleine Zwiebel, fein gehackt
2 EL Petersilie, gehackt
½ TL Salz
1 Stück Ingwer, fein geschnitten

Alle Zutaten in einem Topf vermengen, kurz aufkochen und dann abkühlen lassen. Den Fisch oder Krustentiere 3 Stunden darin marinieren.

TOMATEN-KORIANDER-RELISH

RELISH AUSREICHEND
FÜR 4 PERSONEN
ZUBEREITUNG: 15 MINUTEN
SCHWIERIGKEIT: ✪✪✪

3 Tomaten (vorzugsweise Ochsenherz)
1 kleine rote Zwiebel
1 rote Chilischote
½ TL Knoblauchpaste
2 EL fein gehacktes Koriandergrün
Saft von 1 Limette
Salz

1. Die Tomaten halbieren und das weiche Innere mitsamt den Samen entfernen. Die Zwiebel schälen, die Chilischote längs halbieren und von den Samen befreien.

2. Das Tomatenfruchtfleisch und die Zwiebel in feine Würfel schneiden, die Chilischote fein hacken. Alles in eine Schüssel geben, mit den restlichen Zutaten vermischen und mit Salz abschmecken.

MELONENRELISH

RELISH AUSREICHEND FÜR 4 PERSONEN
ZUBEREITUNG: 15 MINUTEN
SCHWIERIGKEIT: ✪✪✪

1 Wassermelone
1 Salatgurke
1 rote Zwiebel
2 Chilischoten
3 EL Rohrzucker
Saft von 2 Limetten
1 TL Ingwerpaste
1 EL fein gehackte Minze

1. Die Melone halbieren und das weiche Innere herausschaben. Das Fruchtfleisch in eine Schüssel geben und pürieren.

2. Die Gurke schälen, das weiche Innere herausschaben und das Fruchtfleisch in kleine Würfel schneiden. Die Zwiebel schälen und fein würfeln. Die Chilischoten längs halbieren, von den Samen befreien und ganz fein schneiden.

3. Sämtliche Zutaten unter das Melonenpüree mischen.

BASIC RUB

RUB AUSREICHEND FÜR 2 KG FLEISCH
ZUBEREITUNG: 10 MINUTEN
SCHWIERIGKEIT: ✪✪✪

50 g grobes Salz
50 g brauner Rohrzucker
2 EL Paprikapulver, edelsüß
3 EL frisch gemahlener schwarzer Pfeffer
1 EL Knoblauchpulver
½ TL Cayennepfeffer
½ TL Selleriesamen

1. Alle Zutaten im Mörser gut vermischen und dann in ein dicht schließendes Glas geben.

RUB FÜR FISCH

RUB AUSREICHEND FÜR 5 KG FISCH
ZUBEREITUNG: 15 MINUTEN
SCHWIERIGKEIT: ✪✪✪

150 g Rohrzucker
100 g Salz
2 EL frisch gemahlener schwarzer Pfeffer
1 EL getrockneter Dill
1 TL Koriandersamen
1 TL Fenchelsamen

1. Alle Zutaten im Mörser gut vermischen und in ein dicht schließendes Glas geben.

ZWIEBELRELISH

RELISH AUSREICHEND FÜR 4 PERSONEN
ZUBEREITUNG: 15 MINUTEN
SCHWIERIGKEIT: ✪✪✪

1 Gemüsezwiebel
1 Ochsenherztomate
70 ml Weißweinessig
1 TL Salz
½ TL Cayennepfeffer
2 EL Olivenöl
1 EL fein gehacktes Koriandergrün

1. Die Zwiebel schälen. Zwiebel und Tomate fein würfeln und mit den restlichen Zutaten vermischen.

RUB FÜR SCHWEIN

RUB AUSREICHEND FÜR 2 KG FLEISCH
ZUBEREITUNG: 15 MINUTEN
SCHWIERIGKEIT: ✪✪✪

60 g grobes Salz
2 EL frisch gemahlener weißer Pfeffer
2 EL frisch gemahlener schwarzer Pfeffer
2 EL getrocknete Petersilie
1 EL Kreuzkümmel
1 EL Oregano
1 EL Knoblauchpulver

BBQ-SAUCE BASIC

ERGIBT ETWA 1,5 L SAUCE
ZUBEREITUNG: 25 MINUTEN
SCHWIERIGKEIT: ✪✪✪

500 ml Ketchup
250 ml Apfelessig
125 ml HP-Sauce
2 EL Senf
2 EL Limettensaft
2–3 Spritzer Flüssigrauch
30 g Cayennepfeffer
1 EL Paprikapulver, edelsüß
1 EL gemahlener Kümmel
2 TL Zuckerrübensirup
700 ml Rinder-, Hühner oder Wildfond, je nach Anwendung

1. Alle Zutaten vermischen und aufkochen. Die Sauce 20 Minuten köcheln lassen. Vor dem Umfüllen in Gläser abkühlen lassen.

BBQ-SAUCE ASIA

ERGIBT ETWA 400 ML SAUCE
ZUBEREITUNG: 5 MINUTEN
SCHWIERIGKEIT: ✪✪✪

125 ml Hoisinsauce
3 EL Sake
2 EL Sojasauce
2 EL Zucker
2 EL Ketchup
1 EL Reisessig
2 EL Knoblauchpaste

1. Alle Zutaten vermischen, kurz aufkochen lassen und dann in Gläser füllen.

YAKITORISAUCE

ERGIBT ETWA 500 ML SAUCE
ZUBEREITUNG: 20 MINUTEN
SCHWIERIGKEIT: ✪✪✪

1 rote Zwiebel
200 ml Sojasauce
200 g Rohrzucker
50 ml Mirin (jap. Reiswein)
abgeriebene Schale von 1 unbehandelten Zitrone
50 ml Hühnerbrühe

1. Die Zwiebel schälen und in feine Ringe schneiden. Die Zwiebelringe mit sämtlichen anderen Zutaten aufkochen und etwa 10 Minuten köcheln lassen. Die Sauce abseihen und in Gläser füllen.

GRANATAPFEL-GUACAMOLE

FÜR 8 PERSONEN ALS DIP
ZUBEREITUNG: 15 MINUTEN
SCHWIERIGKEIT: ✪✪✪

3 Avocados
Saft und Schale von
1 unbehandelten Limette
1 TL fein gehackte Chilischote
Salz
1 Granatapfel
1 Stängel Minze,
Blätter fein geschnitten

1. Die Avocados längs halbieren, den Kern entfernen und das Fruchtfleisch aus der Schale nehmen. Vier Hälften mit einer Gabel fein zerdrücken und mit der Limettenschale und etwas -saft, Chili und Salz würzen.

2. Den Granatapfel halbieren und die Kerne auslösen. Die übrige Avocado in Würfel schneiden und sorgfältig mit der Minze, den Granatapfelkernen, etwas Limettensaft und Salz vermengen.

3. Die Granatapfel-Avocado unter die zerdrückten Avocados heben und den Dip servieren.

GUACAMOLE MIT GURKE

FÜR 4 PERSONEN ALS DIP
ZUBEREITUNG: 5 MINUTEN
SCHWIERIGKEIT: ✪✪✪

1 Gurke
1 Avocado
Salz
Saft von ½ Zitrone
2 Spritzer Tabasco

1. Die Gurke schälen, längs halbieren und das weiche Innere mitsamt den Kernen entfernen. Die Avocado halbieren und den Kern entfernen. Das Fleisch aus der Schale löffeln und in eine Schüssel geben.

2. Die Gurke in kleine Stücke schneiden und zu der Avocado geben. Eine Prise Salz, den Zitronensaft und den Tabasco hinzufügen und alles pürieren.

PONZU-GUACAMOLE

FÜR 6 PERSONEN ALS DIP
ZUBEREITUNG: 15 MINUTEN
SCHWIERIGKEIT: ✪✪✪

2 Avocados
1 rote Zwiebel
2 EL Ponzu-Sauce
(Fertigprodukt)
1 Msp. Wasabi

1. Die Avocados schälen, vom Kern befreien und auf der Schnittfläche heiß angrillen, bis sich Röststellen bilden. Die Zwiebel schälen und in feine Streifen schneiden.
2. Das Avocado-Fruchtfleisch klein würfeln und mit der Zwiebel, der Ponzu-Sauce und dem Wasabi vermengen.

KLEINE CHRONOLOGIE DER NAPOLEON-GESCHICHTE

1976

Als der deutsche Auswanderer Wolfgang Schroeter im kanadischen Ontario einen kleinen Fertigungsbetrieb für Stahlgeländer gründet, lässt er sich wohl kaum träumen, rund vier Jahrzehnte später einer der international erfolgreichsten Hersteller hochwertiger Gas- und Holzkohlegrills zu sein.
Wie so oft in der Geschichte kommt der Erfolg auf einem Nebengleis daher: Die kleinen Kaminöfen, die er zunächst nur privat für sich und dann für die Nachbarn baut, finden so begeisterte Zustimmung, dass die Nachfrage wächst.

1981

Aus einem Nebengeschäft wird ein Hauptstandbein der Wolf Steel Ltd. und der »Napoleon«, wie die Kunden den Kaminofen bald liebevoll nach der hutähnlichen Form der Glasscheibe einer Ofenvariation nennen, zur Marke. Die verwendete Pyroceram-Glaskeramik war ein Novum in der Branche und machte Napoleon-Holzöfen über die Grenzen von Kanada hinaus bekannt.
Kaminöfen sind naturbedingt ein Wintergeschäft. Um den Betrieb ganzjährig auszulasten, nahm Wolfgang Schroeter die Sparte Holzkohle- und Gasgrills in sein Repertoire auf – eine richtungsweisende Entscheidung der Firmengeschichte: Kanada grillt, und dabei geht es nicht um ein Hobby oder Wochenendhighlight. Ein Grill ist in Kanada eine Verlängerung der Küche, so selbstverständlich genutzt wie ein Kochherd oder eine Spülmaschine. Napoleon-Grills stehen von Anfang an für Qualität und für Funktionalität. Der Erfolg lässt auch in diesem Bereich nicht lange auf sich warten und der Familienbetrieb wächst.

2004

Nach dem Erfolg auf dem heimischen Markt wirft Wolfgang Schroeter einen Blick über den Ozean in seine alte Heimat. In Fred Schalwijk und Michel Voragen findet er zwei engagierte Distributeure für den deutschsprachigen Markt, die seine Napoleon-Grills in das bisherige Portfolio ihrer Firma Heartland Europe mit aufnehmen und von den Niederlanden aus vertreiben. Sie stellen die Grills im Herbst 2004 erstmalig auf der internationalen Gartenfachmesse spoga in Köln vor und treffen den Nerv der Zeit: In Europa gibt es eine wachsende Grillszene und erste Grillschulen entstehen.
Napoleon-Grills sind durch ihre hochwertige Verarbeitung im Premiumbereich angesiedelt und Fred Schalwijk und Michel Voragen entscheiden sich dafür, konsequent den Weg über den Fachhandel zu gehen. Kein schneller Umsatzerfolg durch großflächigen Vertrieb, sondern gesundes Wachstum durch professionelle Beratung beim Verkauf und nachhaltiger Kundenservice ist das Motto, mit dem Heartland Europe die Napoleon Produkte zu einer zuverlässigen Größe in der Grillszene macht.

2008

Mit der Sizzle Zone schlägt Napoleon ein neues Kapitel in der Grillgeschichte auf: Der Infrarot-Brenner ist ein neues Feature, das in der Grillszene begeistert angenommen wird. Das Hochtemperatur-Seitenfeld ermöglicht extrem kurze Grillzeiten und ein zeitgenaues Fertigstellen von zuvor vorbereitetem Grillgut. Temperaturen bis zu 800 °C sorgen für fantastische Röstaromen.

KLEINE CHRONOLOGIE DER NAPOLEON-GESCHICHTE

2010
Der wachsende Erfolg bringt das 2-Personen-Unternehmen sowohl personell als auch von den Lagerkapazitäten her an seine Grenzen. Expansion und Umzug in ein größeres Gebäude sind angesagt. Eine neu gegründete GmbH firmiert künftig als offizielles Tochterunternehmen von Napoleon Kanada, geleitet von Fred Schalwijk und Michel Voragen. Der Vertrieb obliegt weiterhin ihrem Unternehmen Heartland Europe, sodass die vertrauensvolle Zusammenarbeit mit den Händlern wie bewährt weitergeführt wird.

2011
Gründung des Napoleon Owners Club. In der geschlossenen Facebook-Gruppe können sich Besitzer und Händler von Napoleon-Grills austauschen und Tipps geben. Auch die Testimonials von Napoleon, bekannte Größen der Grillszene, sind mittlerweile dabei und bringen sich ein. Über 9000 Mitglieder zählt die deutsche Gruppe mittlerweile.

2012
Die Grillmeisterschaft in Schwäbisch-Hall wird zu einem Meilenstein der deutschen Napoleon-Geschichte. Ein Jahr zuvor hatte Heartland Europe bereits bei der Grill-Weltmeisterschaft in Gronau ausgestellt, doch hier in Schwäbisch-Hall beschritt man einen anderen Weg: Nicht nur am Rande des Geschehens ausstellen, sondern mittendrin im Herzen der Grillszene präsentieren, vorführen, grillen – so werden diejenigen für Napoleon-Grills begeistert, die wissen, worauf es ankommt. Erstmalig ist Andreas Rummel für Napoleon am Start. Es ist der Beginn einer langen, erfolgreichen Zusammenarbeit: Der Grillprofi wird zum Testimonial für Napoleon.

2013
Heartland Europe kommt in Kontakt mit dem Grillsportverein und mit Rudolf Jaeger, unter dessen Federführung das erste mit dem Christian Verlag produzierte Grillbuch entsteht. An »Meister am Grill« arbeiten auch Andreas Rummel, Adi Matzek und Ted Reader mit. Das Buch kommt an und Napoleon und der Christian Verlag werden zu einem Erfolgs-Team: In den folgenden Jahren erscheinen weitere Grillbücher, die das Grillen einem breiten Publikum näherbringen: »Die hohe Schule des Grillens« (2014), »Grillen: Grillsaison ist jeden Tag« (2016), »Fingerfood vom Grill« (2016), »So grillt die Welt« (2017), »Das ultimative Football-Grillbuch« (2018) und »BBQ Magic« mit dem weltbekannten PitmasterX (2020).

2013
Das Mutterunternehmen Napoleon wird mit dem Titel »Canada's Best Managed Companies« ausgezeichnet. Das Werk in Barrie am Lake Simcoe umfasst eine Produktionsfläche von fast 50000 qm und beschäftigt mehr als 400 Mitarbeiter. Weltweit verfügt das ISO-zertifizierte Unternehmen über drei Produktionsstätten mit insgesamt rund 1200 Mitarbeitern.

2018
Wolfgang und Ingrid Schroeter geben den Staffelstab weiter an die nächste Generation: Ihre Söhne Christopher und Stephan sind mit und im Geschäft aufgewachsen, haben alle Facetten und Bereiche des Unternehmens kennengelernt. Jetzt übernehmen sie die Geschäftsleitung und führen Napoleon als Familienbetrieb, während sich ihre Eltern weiter beratend einbringen.

2020
Auch in Europa geht der Erfolg von Napoleon durch das unermüdliche Engagement des Vertriebspartners Heartland Europe weiter. Die Niederlassung in den Niederlanden zieht Ende des Jahres erneut um: Auf 22.000 qm in Tiel lagern, planen, verwalten und verkaufen heute rund 70 Mitarbeiter Gas-, Elektro- und Kohlegrills, Elektrokamine, Outdoor-Küchen und vielfältiges Zubehör, das die Herzen von Grillfans höherschlagen lässt. Die Welt hat Spaß am Grillen und Napoleon-Grills sind für jeden genussvollen Spaß zu haben.

REGISTER

REGISTER

TEXT- UND BILDNACHWEIS

Texte und Rezepte

Rudolf Jaeger: Seite 64, 146
Ralph de Kok: Seite 26, 38, 40, 52, 54, 58, 62, 66, 68, 76, 94, 102, 104, 108, 112, 114, 124, 134, 136, 151, 152, 168, 172, 176, 184, 202, 214, 216, 218
Adi Matzek: Seite 36, 71, 120, 148, 160, 186, 196, 212
Petra Milde: Seite 6, 8, 10, 230, 232
Ted Reader: Seite 30, 32, 42, 56, 80, 82, 106, 118, 138, 178, 190, 192
Andreas Rummel: Seite 12, 13, 14, 15, 16, 17, 18, 19, 20, 21, 24, 25, 28, 34, 44, 46, 47, 50, 51, 60, 70, 74, 75, 84, 86, 88, 90, 92, 96, 100, 101, 110, 116, 117, 122, 128, 129, 130, 131, 132, 140, 141, 142, 144, 150, 154, 158, 159, 162, 164, 166, 170, 171, 174, 182, 183, 188, 189, 194, 195, 198, 199, 208, 210, 211, 219, 222, 223, 224, 225, 226, 227, 228, 229
Thomas Vilgis: Seite 21 (Infokasten)
Roel Westra: Seite 78, 200, 206

Bildnachweis

Carolin Friese: Seite 16, 17, 19, 21 (beide), 25 (beide), 45, 61, 85, 87, 89, 91, 93, 97, 111, 133, 145, 155, 165, 167, 175, 209
Julia Hildebrand & Ingolf Hatz: Seite 7, 11, 27, 39, 41, 55, 59, 63, 103, 105, 113, 115, 135, 153, 169, 173, 177, 203
Rudolf Jaeger: Seite 147
Ralph de Kok: Seite 68–69
Adi Matzek: Seite 36–37
Ted Reader: Seite 119
Manuela Ruether: Seite 29, 31, 33, 35, 43, 57, 65, 81, 83, 107, 121, 123, 139, 143, 149, 161, 179, 187, 191, 193, 197, 213, 223
Shutterstock/Aleksandrs Lisics: Seite 163
Sven Ter Heide & Anke Kolkman: Seite 53, 67, 77, 95, 109, 125, 137, 185, 215, 217
Roel Westra: Seite 79, 201, 207
Napoleon Grills: Seite 231 (alle), 233 (alle)

IMPRESSUM

Verantwortlich: Sonya Mayer
Texte, Rezepte, Food- und Stillfotografie: siehe Text- und Bildnachweis
Umschlaggestaltung: Regina Degenkolbe
Layout und Satz: Mediaservice Rudi Stix
Repro: LUDWIG:media
Korrektorat: Christiane Gsänger
Partnermanagement: Thomas Nehm
Herstellung: Bettina Schippel
Printed in Italy by Printer Trento S.r.l.

★★★★★

Sind Sie mit diesem Titel zufrieden? Dann würden wir uns über Ihre Weiterempfehlung freuen. Erzählen Sie es im Freundeskreis, berichten Sie Ihrem Buchhändler oder bewerten Sie bei Onlinekauf. Und wenn Sie Kritik, Korrekturen, Aktualisierungen haben, freuen wir uns über Ihre Nachricht an Christian Verlag, Postfach 40 02 09, D-80702 München oder per E-Mail an lektorat@verlagshaus.de

Unser komplettes Programm finden Sie unter: www.christian-verlag.de

Die Deutsche Nationalbibliothek verzeichnet diese Publikation in der Deutschen Nationalbibliografie; detaillierte bibliografische Daten sind im Internet über http://dnb.d-nb.de abrufbar.

Dieses Buch ist ein Sampler aus folgenden Werken:
Rudolf Jaeger, Adi Matzek, Ted Reader, Andreas Rummel: Meister am Grill. 100 Weltmeister-Rezepte für Gas, Holzkohle und Smoker, Christian Verlag 2012, ISBN 978-3-86244-213-3
Andreas Rummel, Thomas Vilgis: Die Hohe Schule des Grillens. Das Beste für Rost und Spieß, Christian Verlag 2014, ISBN 978-3-86244-589-9
Andreas Rummel: Fingerfood vom Grill, Christian Verlag 2016, ISBN 978-3-95961-005-6
Andreas Rummel: Grillen. Grillsaison ist jeden Tag, Christian Verlag 2016, ISBN 978-3-86244-977-4
Ralph de Kok: So grillt die Welt. 100 internationale Grillideen, Christian Verlag 2017, ISBN 978-3-95961-006-3
Andreas Rummel: Das ultimative Football-Grillbuch. Die besten Rezepte rund ums Spiel, Christian Verlag 2018, ISBN 978-3-95961-156-5
Roel Westra: BBQ Magic. 100 geniale Grillrezepte vom weltbekannten Pitmaster X, Christian Verlag 2020, ISBN 978-3-95961-373-6

ISBN 978-3-95961-549-5

Ebenfalls erhältlich ...

ISBN 978-3-95961-373-6

ISBN 978-3-95961-006-3

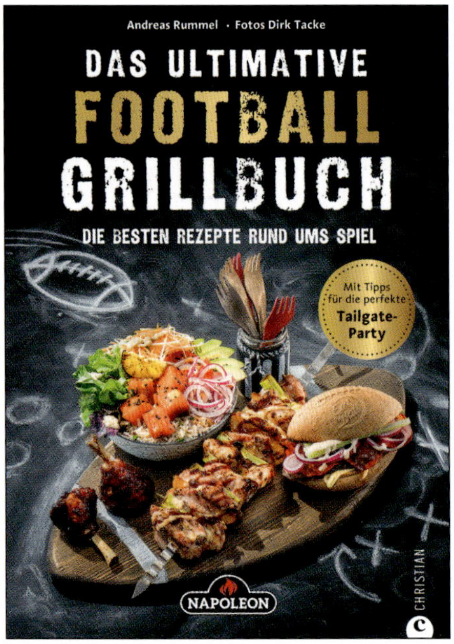

ISBN 978-3-95961-502-0

ISBN 978-3-95961-005-6